おしゃべりなドイツ語

unterhaltsames Deutsch

対話力を上げる
テクニック&トピック

綿谷エリナ

左右社

はじめに

単語も文法もしっかり基礎から積み重ねて一生懸命勉強をしてきたのに、いざ話そうと思うと言葉につまってしまう。どうして、もっと自然に話すことができないんだろう……？　そんな悩みを抱えている方、いらっしゃいませんか？　この本は「自然に話せない」壁を突破したい人を応援するものです。

日本における語学学習は、語彙力、文法、読解力、リスニング力などハードな部分が中心。テストで点数をつけることが可能で、キャリアアップにも繋がりやすいこれらの技能を効率よく高めていく方法に学習者の注目が集まるのは当然でしょう。ただ、何事においても自分の意見があることを大切にするドイツ語でのコミュニケーションにおいては、「あなたの話に興味がある」「あなたと対話をしたい」と伝えることも同じくらい大切です。それらを伝えるときにはソフトな部分、例えば、コミュニケーションを滑らかにするニュアンスや、ちょっとした一言で聞き上手になれる相槌、ドイツ語という言語が持つキャラクターを感覚的に把握することがあなたを助けてくれます。ですが、それらはあまり語られていないように感じます。この本では、テクニック（ドイツ語での気持ちの表現術）とトピック（もっとドイツを知るためのエッセイ）の二部構成で、この「ソフトな部分」を使いこなすためのサポートをします。

「自然におしゃべりするためのコミュニケーションテクニック」は、「対話をしたい」を伝えるための方法が詰まったパートです。ドイツ語特有の前綴りや格の役割を感覚的に掴みつつ、相槌や心態詞（ニュアンス言葉）でドイツ語話者の感情の居場所を理解し、表現できるようになるためのTippsをたくさん紹介しています。ちょっと専門用語が続いてしまいましたが、難しく考えなくても大丈夫。しっかりフォローするので心配しないでくださいね。

「ここを押さえて楽しくおしゃべり！　厳選トピック7」では、インストールしておくとより話題が広がる、ドイツの人の価値観について改めて考え、エッセイを書きました。買い物事情、芸術、自然、余暇、学校教育、民主主義、多文化社会の7つのトピックを厳選。ドイツで生まれ育った若者として私が経験したことや、外国語コミュニケーションの原体験を詰め込んだ等身大の文化比較としても、楽しんでいただけると思います。

さらに付録として、仲良くなるために必須の自己紹介フレーズや、ドイツの人によく聞かれる「日本のあれこれ」について説明するための例文を集めた「1分間スピーチ集」、言葉につまってしまったり、ド忘れしてしまったりしたときのための必殺フレーズ集をまとめました。

この本がドイツ語を楽しく続けるためのヒントや、会話の糸口をみつける突破口に、あるいは、これからドイツ語の世界に飛び込もうとしている方がドイツを知るきっかけになれば、嬉しいです。各章は完結していますので、どこからでもお読みいただけます。気になったページを、まずは開いてみてくださいね。**Viel Spaß beim Lesen!**

目次

Topik

ここを押さえて楽しく話す！
厳選トピック7

Technik

自然に話すための
コミュニケーション
テクニック

“Ach so”だけじゃない！
相槌がコミュニケーションを制す

「たくさん話すこと」が外国語上達のためのいちばんの近道であることは分かっていても、ボキャブラリーがまだまだ足りない、文法に自信がない、いざ話すとなると言葉に詰まってしまう……など、実際に「たくさん話す」にいきつくまでにはさまざまな心理的ハードルがあるかと思います。しかし、ネイティブと会話をする際に、文字通りたくさん話す必要はないのです。もちろん、流暢に話せればカッコいいですが、はじめからできるわけではありません。では、どんな練習が必要なのでしょうか？　ここでは、ドイツ語初心者～中級者が取り入れやすい「会話力の積み上げ方」についてご紹介していきます。

Dialog führen（対話すること）

ドイツではDialog（対話）をとても大切にしています。「目は口ほどにものをいう」ということわざが示すように、非言語コミュニケーションも対話の一部なので、まずは相手の目を見ることに慣れること。自分の表情を意識してみるのもよいと思います。また、ドイツの人は自分の話が通じないことよりも、伝わったのかどうかがよく分からない曖昧な状況を嫌います。Monolog（ひとり言）と違って、相手とメッセージを共有することが目的なので、遠慮せず理解できなかったと伝えるのも対話そのもの。そもそも、相手だって学び始めたばかりの人に完璧なドイツ語を求めるわけがありません。何が伝わらなかったのかさえ共有できれば、別の方法を試してみればよいと考えてくれます。ただ、ドイツの人の多くは心の内を察する習慣がなく、あまり慣れていないので、表情やジェスチャー、あるいは一言でよいので言葉で反応できるようになっておきましょう。コミュニケーション濃度が一気に高くなります。

reagieren（リアクションすること）

対話する上で、リアクションがコミュニケーションの要《かなめ》であるといっても過言ではありません。個人的に、日本人は反応することに慣れていないように感じます。面白いポーズや変顔をして笑いを取ったり、笑顔で乗り切れることもありますが、ドイツ人が最終的に求めているのはあなたの意見です。かといって、完璧に答えようとするあまりに黙ってしまうのもできるだけ避けた方がよいでしょう。なぜならば、ドイツ語にKeine Antwort ist auch eine Antwort.（答えないのもまた答えのひとつである）という言葉があるように、「その話に関心がない・同意していない」と勘違いされてしまう可能性があるからです。また、相槌がずっと同じだと聞いている方はとても気になるので、"Ach so!"や"Ja"の連発は、なるべく早く卒業してしまいましょう。おすすめしたいのが、あなただけのリアクションフレーズ集を作ることです！　ヒントになりそうなフレーズを集めてみたので、ぜひ、参考にしてみてくださいね。ここで非常に大切なエッセンスになってくるのがganz/ja/genau/halt/ach/oh/wirklich/da/zwarなどの小さな言葉たちです。これらについては、別の章でもう少し詳しく紹介していくので、まずはどんな風に使われているのか感じてみてください。

〔　共感する　〕

音声 01

強い共感や連帯感を示したいときは手のひらを上にして前に出す仕草をすることが多いです。

Verstehe.　分かります。／同感です。／ごもっともです。／お察しします。／おっしゃるとおりです。

Verständlich.
（同上。いずれもdu/Sie関係なく使えるので便利！）

Absolut!　まさしく！

Ah!　あぁ〜なるほど！／合点した！

Ich glaub's dir.　（君の言っていることを）信じるよ／分かるよ

Genau!　まさしく！

寄り添う

音声 02

首を横に振りながら、あるいは溜息をつきながら、
人のために怒っていることが多いです。

Oh je ...　うわぁー……（大変だ、かわいそうに、お気の毒に……）

Oh du Arme!　それはお気の毒に……

Oh wie schrecklich!　そんな酷すぎる……

Ach du lieber Gott!　なんてことでしょう！

Was?! Nein!　嘘でしょ！　マジ！

Unglaublich!　信じられない！

Wie bitte? / Bitte?
え？　もう一度言って（自分の耳が信じられないんだけど）？

Bin ich im falschen Film?　何がどうなってそうなったの？

Hab ich richtig gehört?
（衝撃的なことを聞き）聞き間違いだよね？（hab＝habeの口語体）

Das stimmt doch vorne und hinten nicht!
まったくもっておかしいよ！

Nie im Leben!　絶対にありえない！　そんなのおかしい！

Das kann nicht wahr sein!　そんなのありえない！

Kein Stress.　焦らなくて大丈夫。全然平気だよ。

喜ぶ・褒める

音声 03

とにかく前のめりで、食らいつくように、
眉毛を天井に引っ張り上げるくらいの気持ちで目を見開いて。
少しおおげさに喜ぶと分かりやすいと思います。
親しい間柄なら、相手の手や腕をぎゅっと握る人も多いです。

Ach so!　そうなんだ！

Ach!　まぁ！

Echt?　やったね！ 本当に？

Glück/Schwein gehabt!　よかったね！　ラッキーだったね！

Glückwunsch!　おめでとう！

Gratuliere!　おめでとう!

Gut für dich!　よかったね！

Gott sei Dank!　これで一安心だよ。

Ich freue mich für dich.　自分のことみたいに嬉しい。

Toll!　やったね！

Super!　めっちゃいいね！

Schön!　素敵！

Genial!　最高！

Das ist ja schön/toll/genial.　いやぁ、本当によかったね！

Wow!　すごい！

Bin dabei! いいね、その案、乗った！

Bin dafür! いいね、賛成！

〔 戸惑う 〕

音声 04

一瞬視線を外して、肩をすくませると
困っている感じが伝わりやすくなります。目を見開く人も多いです。
いつもよりもテンポは少しゆっくりめ。口はへの字のイメージ。

Was soll ich/man sagen?
(肩をすくませて) なんて言ったらいいのか分からないよ。

Ich weiß nicht...
(首を振りながら) 分からない。あまりいいとは思えない。

Ich bin mir nicht ganz sicher.
(直訳:あまり確信は持てていない)
あまり乗り気ではないかな／あまりいいとは思わないかな……

Was meinst du damit genau?
(まだ腑に落ちないから・同意しかねるから)
どういう意味かもう少し説明してくれる?

Ach so? そういうことなの?

Wirklich? 本当に?

Bitte? もう一度言ってくれますか?

Hab ich richtig verstanden, dass…?
私の理解は正しいでしょうか?

Ganz im Ernst? 本気で言ってるの? 冗談じゃなくて?

Ernsthaft? 本気?

Bist du dir sicher? まじで?

Kein Wunder.
そりゃ、そうだ。／当然の結果だよ。／それは自業自得だよ。

Kein Kommentar. 何も言わないでおくよ。

言いにくいことを言うときの前置き

音声 05

**言いにくいことはちょっと早口になる人が多いです。
あまり深刻な雰囲気を出してしまうと相手も身構えてしまうので、
とりあえず、切り出すことが大事。**

Das ist nicht böse gemeint, aber...
悪口と捉えないでほしいんだけど……

No Offence, aber... 否定するつもりはないんだけど……

Das wundert mich zwar nicht, aber...
正直言って驚きはしないけど……

Puuuuh... Was soll ich sagen? Ja...
なんて言ったらいいのか……

Wow... いろいろすごいね……

Uuuh... Das wird hart... これは大変だ……

Das wird kompliziert... これは厄介なことになりそう……

Tja... まぁ、仕方ないね……

Wo(mit) soll ich anfangen? どこから話せばいいのかな……

Das ist halt nicht so einfach...
まぁ、そんな簡単な話ではないんだけどさ……

快諾する

音声 06

**とにかく笑顔で！ この中のフレーズをいくつか組み合わせて、
快諾の気持ちを強調するのもよいと思います。
サムズアップするのも分かりやすいですね。**

Okay! オッケー！

Klar! もちろん！ 当然！

Selbstverständlich!　もちろん！

Kein Problem!　大丈夫だよ。／任せて。

Alles klar!　了解！

Warum nicht?　やってみようよ！　やってみたらいいんじゃない？

Gerne! Gerne doch!　喜んで！

相手に何かを促す

音声 07

電話がきた、他の人に話しかけられたなど、
何かで中断された後に言う場合が多いかもしれません。
Entschuldige（すみません、ごめんね）など、
一言挟んでからこれらのフレーズを続けるとよいと思います。

Erzähl weiter!/Erzählen Sie weiter!　続けて！

Ich hör dir zu./Ich höre Sie zu.
聞いてるよ（hör＝höreの口語）

Bin ganz Ohr.　聞かせて。／聞いてるよ。

Warte mal!　ちょっと待って。

話題を変えるとき

音声 08

一瞬の間を置いてから話し始める人が多いです。

Sag mal...　そういえば……

Was ist eigentlich mit ○○?　○○ってどうなってる？

［ ほらね？ ］

音声 09

ちょっと大袈裟なくらいのリアクションをすることが多いです。
相手の心配が杞憂に終わったときなどは特に表情豊かに、
チャーミングに。

Siehst du! / Sehen Sie!
だから（大丈夫だと）言ったでしょ～！

Ach neee, hab ich doch gesagt!
私の言うとおりだったでしょ！

Das wusste ich doch! そうだと思った！
※よいときもそうでないときも使います。

［ 断るとき ］

音声 10

申し訳なさそうな顔をしつつ、
つけ込む余地を見せないようにあまり感情を込めすぎずに
フラットに言うと、大人な対応になります。

Keine Chance. 期待しないで。／無理だね。

Darüber möchte ich nicht sprechen.
それについては話したくありません。

Es tut mir wirklich leid. 本当に申し訳ございません。

Da kann ich dir/Ihnen leider auch nicht weiterhelfen.
残念ながら私にできることはないようです。

オリジナルフレーズ集を作ろう

日本にいると、ドイツ語の生の会話に触れることがどうしても少なくなってしまうと思いますが、相槌ボキャブラリーを増やすために動画配信サイトなどを活用してみるのもおすすめです。字幕言語をドイツ語に設定できるコンテンツがかなりあるので、作品を楽しみながらドイツ語に触れることができます。私も言語を切り替えながら映画を何度も観ています。ここで紹介したもの以外にも、それらのコンテンツで見つけた自分にしっくりくる言い方や言い回しをどんどん書き溜めて、オリジナルのフレーズ集を完成させてくださいね。

bequem と angenehm、どう違う？

語彙が増えるにつれて、似たような意味を持つ単語が多いことに驚いた経験はありませんか？　どれをどんな風に使い分ければいいの？と困惑してしまうこともあるかもしれません。例えば、違いがよく分かりませんと相談を寄せられるのが、こちらの３つの形容詞。

gemütlich/angenehm/bequem

どれも「気持ちがいい」「心地よい」といった意味なのですが、どのような違いがあるか分かりますか？

言葉で説明する前に、お時間がある方はぜひお手元のスマホでこれらの単語を画像検索してみてください（必ず、Googleのドイツ語ページgoogle.deを表示させてから検索してくださいね！　そうでないと日本語の検索結果になってしまいます）。パッと見の印象はいかがでしょう……？　色が全然違うのではないかと思います。**gemütlich** は温かみのある優しい色合い、**angenehm** は清涼感があり、**bequem** はちょっとスタイリッシュな画像が多く表示されているはずです。

gemütlich は、「リラックス・安らぎ・くつろぐ」というニュアンスなので、雰囲気や空間を形容することが多い単語です。検索結果にはリビングで寄り添いながら談笑しているカップルや親子、犬や猫がくたーっと寝ている姿やキャンドルライトの写真も多く、温もりを感じられます。

angenehmは、「爽快さ・快感」を表す言葉なので、天気を形容するときにもよく使います。よく晴れた日、気持ちのいい風、マッサージが気持ちいい、湖の水がひんやりとしていて気持ちいい、肌触りがよいタオル、など。あとは、好感の持てる人にも使います。

bequemは、「快適・楽」という意味合いが強いので、例えば、長時間履いていても足が痛くならない靴、座っていてお尻が痛くならない椅子など、商品写真も多くヒットしているはずです。その影響でスタイリッシュな印象がやや強くなっているようです。

文字だけを見ても分かりづらいときは、文明の利器（?）を最大限に利用するのも語学学習を楽しく続けるひとつのコツ。色が与える印象はとても強いので、イメージをつかみやすいかと思います。

画像検索の他におすすめなのが、ドイツ語の広辞苑ともいえる辞書Dudenのオンライン版、duden.deで検索することです。下の方までスクロールすると、単語によってはTypische Verbindungen (computergeneriert)という項目があります。検索した単語を中心に、よく一緒に使われる単語が配置され、その頻度や親和性が、文字の大きさや単語との距離によって視覚的に分かるようになっています。こちらも合わせてチェックしてみてくださいね！

4つの格・キャラクター列伝

ドイツ語は習い始めに覚えることが多くて大変。その中でも格（Kasus）で躓《つまず》いてしまう方も多いのではないでしょうか。ご存知の通り、「格」は日本語の「てにをは」に相当するもので、1～4格まで全部で4つあり、それぞれ使い方が厳密に決まっています。日本語脳で考えてしまうと相容れないことも多く、覚えられない！という声をよく聞くのですが、この章では、4つの格が童話に登場するようなキャラクターだったら？という切り口で考えてみます。実は、役割がしっかり決まっているからこそ、とっても個性的なんですよ。前置詞を使うとよりイメージしやすいので、ここではあわせてご紹介します。

1格・主格・Nominativ

名前の通り、文の「主人公」です。みつけられないことはあまりないと思いますが、まれに変な場所にいたり、異様に長いこともあります。もしも主語を見失ってしまった場合は動詞を確認してみてくださいね。ドイツ語は動詞を中心にすべてが回っていて、特に主語と動詞は運命共同体。

このふたつがないと文章が成り立たないので、存在しないということは絶対にありえません。童話で例えるなら、王子様とお姫様のようなもので、お姫様を巡って王子様を始めとする登場人物たちが奔走するから面白いのに、どちらか一方でも欠けてしまったら、物語が進みませんよね？日本語で「〜は」「〜が」が付くものはすべてドイツ語においても主語だと考えてしまいそうになりますが、少しだけ注意が必要です。「〜は」は、ドイツ語では**Themapartikel**と呼ばれ、「主題を提供する役割を果たす助詞」と習うので、主語であることも多いのが特徴ではありますが、必ずしも主語になるとは限りません。例えば……

ここからは、私から説明します。

⇒『ここから』ではなく、『私』が主語であることは感覚的に分かりますよね。その上で、話し手がここから変わるということを強調したいのであれば、例えば、**Von hier an werde ich erläutern.** のように文頭に置くことで表現してもよいですし、**Ich werde den Vortrag übernehmen.** のように「プレゼンテーションを引き継ぐ」と言い換えてしまった方が分かりやすいかもしれません。

うちは、母が東京出身なんです。

⇒この場合は、どうでしょう？

直訳すると、**Was meine Familie betrifft, kommt meine Mutter aus Tokio.** になりますが、一番伝えたいのは「母の出身地」なので、**Meine Mutter kommt aus Tokio.** だけでも伝わります。ただでさえ長いドイツ語、「短いは正義」です！

学校は、勉強をするところです。

⇒これには2通りの言い方があると思います。

Eine Schule ist ein Ort, an dem man Dinge lernt. 直訳的な構文にすると、同時に説明的な表現になってしまいます。相手が知らないであろう場所の説明には適していますが、学校を知らない人はあまりいないはずなので、この場合は、**In der Schule lernt man.** など、言い切る表現の方がしっくりくると思います。ニュアンスとしては、man を挿入することで「世の中の常識としては、学校では（遊ぶのではなく）勉強するものだ」というひとつの価値観が暗にこめられた表現になります。

日本語では主語を曖昧にしても通じてしまいますが、ドイツ語ではそれができません。場合によっては主語を変更する大胆さが必要になることもあります！

ちょこっとTipp

『○○○は』の部分を主語にするとどうも変な文章になってしまうなぁと感じるときは、**“Was XXX（4格）betrifft, ...”**と一旦訳してみるのがおすすめです！　通訳のお仕事では、情報を取捨選択する時間が極端に短いので、勝手に編集するのではなく出来るだけ全部、それでいて繋がるように訳していかなければなりません。そんなとき、この構文はとっても使い勝手がいいんです。

2格・属格・Genitiv

何かと華やかな主人公や他の格たちの陰に隠れてしまいがち、「〜の」など所有を表す格です。規律正しく、真面目で堅物、ちょっと融通が利かないけど、決して出しゃばらずに仕事をきっちりこなす執事のような2格。陰キャ。その控えめさゆえに影が薄いという噂も……。

２格支配の前置詞を並べてみましょう。

wegen　〜のせいで（英：because of）

innerhalb, außerhalb
〜の内側・外側で（英：inside, outside）　※時間でも空間にも使います

(an)statt　〜代わりに（英：instead of）

während　〜の間ずっと（期間）（英：during）

anlässlich　〜の機会に（英：on the occasion of）

bezüglich　〜に関して（英：with regard to）

infolge　〜の結果として（英：due to）

trotz　〜にもかかわらず（英：despite）

どうでしょうか？　境界線がはっきりしていて、白黒はっきりさせる表現ばかりだと思いませんか？　多くが文語的な硬い表現なので、使うシチュエーションがかなり限定されています。この中だとwegenは比較的よく使いますが、その他は意味が分かれば、ひとまずOKです。……そんな調子でどうしてもプレゼンスが下がり、影が薄くなってしまうんですよね。近年では、本来ならば2格支配が正しいはずなのに3格を使うことが恒常化しています。wegenもこの「3格化」に巻き込まれてしまっています！言葉は変化するもの。3格が市民権を得るようになると、現在は文法的に間違いとされていても、近い未来にはどちらも正しいとされる可能性は十分にあります。

ただでさえ3格支配の前置詞が多く使われていて押され気味なのに、ますます2格の存在意義が脅かされている、と面白おかしく書いた、コラムニストのZwiebelfisch氏によるコラム集『Der Dativ ist dem Genitiv sein Tod／3格は2格にとって死神だ（邦訳なし）』がベストセラーになるくらい、2格の絶滅危惧種度は深刻です。読んでみたい方は、「Zwiebelfisch Genitiv」で検索するとSPIEGEL紙のコラムがネット上でも読めるのでチェックしてみてくださいね。

3格・与格・Dativ

「〜に」などの間接目的語や、空間・時間の表現に用いられる格です。世渡り上手でいちばん出世しそう、朗らかで外交的且つ社交的。とにかくカバー範囲が広いのが特徴で、童話の登場人物に例えるならやり手の商売人。陽キャ。バランサーで実は影の権力者、かも……？

それでは、3格を取る前置詞の中で代表的なものを紹介しましょう。

mit 〜と一緒に、〜を用いて（英：with）

bei 〜の際に、〜のところで（英：at, near, among, by）

nach 〜の後で、〜へ向かって（英：after, for, toward）

seit 〜以来（英：since）

von 〜の、から（英：from）

zu 〜に向かって（英：to）

aus　～から、～出身の、～で出来ている
（英：from, out of, made of）

ab　～から（英：from, over）

gegenüber　～に対して
（英：opposite, in comparison with, in front of）

2格支配の前置詞に比べて、全体的にニュアンスがふわっとしていますよね。英訳を見てもいくつも意味を持っていることが分かるかと思います。つまり、それだけ広く多くのシチュエーションで使われているということです。勉強する際も「2格と4格支配じゃないものは3格支配」と認識するくらいでもよいかもしれません。また、他の格と比べると固有名詞とセットで使う、つまり冠詞を伴わない文がやや多いのも特徴的です。使いやすさ・親しみやすさの秘訣はそこかも……？

Mein Sohn fährt mit dem Fahrrad zur Schule.
私の息子は自転車で学校へ通っています。

Ich bin gerade bei Anna.　私は今アンナの家にいます。

Meine Eltern fliegen nach Japan.
私の両親は日本へ行きます。

Seit 3 Jahren lebe ich in Tokio.
3年前から東京で暮らしています。

Eine Flasche aus Glas.　ガラスでできた瓶。

Ich hätte gerne “Bier vom Fass”!　生ビールをひとつ！

Einlass ab 10 Uhr.　開場10時～。

ちょこっとTipp

どちらも「〜へ」という意味ですが、**nach**の後は国や地方と大まかな方向を表す言葉、**zu**はお店や人の名前など具体的な場所が続きます。唯一の例外が家。**Ich fahre nach Hause.**で「家に帰る」となります。その理由は、誰もが帰る家があり、その方向がバラバラだから……などとこじつけていますが、どうでしょう？

4格・目的格・Akkusativ

さて、最後は一匹狼気質、「〜を」など目的語を司る4格。4格支配の前置詞を見ると「孤高の戦士」や、「背中で語る伝説の剣士」といったキャッチフレーズがお似合いの格のように思えてきます。とにかく、行動あるのみ、それも一直線に突き抜けているんですよね。後述しますが、前置詞の中には3格＆4格両方で使える二刀流タイプもたくさんあり、使い分けなくてはなりません。あまり難しく考えず、ひとまず、3格と4格は全然違うキャラだということが認識できればOKです！

典型的な4格支配の前置詞はこちら。これだけ覚えておけば十分です。

durch　～を通じて、～の間を抜けて（英：inter, through）

für　～のために（英：for）

gegen　～に対して、～に反して（英：against, versus）

ohne　～なしで（英：without）

bis　～まで（英：until）

um　～の周りに（英：around）

なんとなく賑やかな、名詞とゆるやかに繋がる３格とは違うんだなぁと感じてもらえたでしょうか？　目的語を司るだけあって、ターゲットに向かって、どんな困難が待ち受けていても、仲間がいなくても、限界まで圧倒的な行動力で一直線。孤独だけど一目置かれている様子で、３格にその存在を脅かされている２格のように影が薄いわけでもなく、存在感もばっちりです。

さて、ドイツ語の格を擬人化しちゃおう作戦、いかがでしたか？　ちょっと何を言っているのか分からないよ……と思う方もいらっしゃるかもしれませんね。究極的にはキャラクターでも数字でもなんでもいいのですが、身近な何かに例えてみると立体的になってくるので、あれこれ、試してみてください！

私自身は、もともとラテン語の授業からこの「格キャラクター化」というアイデアを得ました。というのも、ラテン語には**Ablativ（奪格）**という5番目の格があり、それはもう理解するのがとっても大変なんです。ドイツ語にはない格なので、訳者がシグナルワードを拾って、適切に分類しなくてはなりません。その際に見落とし防止も兼ねて、主語は◯、動詞は二重線、目的語は□、副文は波線……などなど記号や色を決めて、文章をバラシながら訳していたのですが、それを見て、細分化するとそれぞれの個性が浮き出てくるんだなぁと感じたのがキッカケでした。なんでも並べてみたり、分類したりするのが好きな私にはそれが性に合っていたようです。

おまけ

前置詞には3格も4格も両方取れる二刀流のものがあります。同じ言葉をどうやって使い分けるのかというと、決め手は「動きがあるかないか」です。**Wo?**（どこ？）と聞かれたら3格、**Wohin?**（どこへ？）なら4格。……と書いただけでは分かりにくいと思うので、例文を見比べてみましょう！

［ an　～の側に、～に接して（英：by, on, to） ］

（3格） **An der Wand hängt ein Bild.**
壁には絵が掛かっています。

（4格） **Ich habe ein Bild an die Wand gehängt.**
私は壁に絵を掛けました。

［ auf　～の上に・で（英：on, upon） ］

（3格） **Das Buch ist auf dem Tisch.**　机の上に本があります。

（4格） **Ich habe das Buch auf den Tisch gelegt.**
私は机の上に本を置きました。

［ hinter　～の後ろで・へ（英：behind, beyond） ］

（3格） **Die Katze versteckt sich hinter dem Baum.**
猫は木の後ろに隠れています。

（4格） **Die Katze ist hinter den Baum gegangen.**
猫は木の後ろへ行きました。

［ in　中に・へ（英：in） ］

（3格） **Ich bin in der Küche.**　私はキッチンにいます。

（4格） **Ich gehe in die Küche.**　私はキッチンに入ります。

［ neben　～の隣に・へ（英：beside, next to） ］

（3格） **Ein Mann sitzt neben mir.**
私の隣には男性が座っています。

（4格） **Eine Frau hat sich neben mich gesetzt.**
私の隣に女性が座りました。

〔 über　〜の上に・へ（英：above, over） 〕

(3格) **Über der Tür hängt ein Bild.**
ドアの上に絵が掛かっています。

(4格) **Ich habe ein Bild über die Tür gehängt.**
私はドアの上に絵を掛けました。

〔 unter　〜の下に・へ（英：under, below） 〕

(3格) **Der Ball liegt unter dem Tisch.**
ボールは机の下にあります。

(4格) **Der Ball ist unter den Tisch gefallen.**
ボールは机の下に落ちました。

〔 vor　〜の前に・へ（英：in front of） 〕

(3格) **Der Hund wartet vor der Tür.**
犬はドアの前で待っています。

(4格) **Der Hund geht vor die Tür.**　犬はドアの前に行きます。

最初は同じに見えるかもしれませんが、慣れると自然に使い分けられるようになりますよ。迷ったら「3格は留まる」「4格は移動する」と思い出してくださいね。

もっと伝わる
イントネーションのコツ

海外ドラマや映画を観ながら日常会話を勉強する方法、試してみたことはありますか？　私自身も英語の新しい言い回しを吸収するのは映像作品からが多いですし、楽しみながら勉強もできて一石二鳥ですよね。ただ、英語の場合、ほとんどの人が中学・高校と6年間のインプットがあるのに対して、ドイツ語は大学生や大人になってから始める人が多く、相対的に学習時間が短いことが多いのが現状。特に習い始めたばかりの頃は聞き取れる語彙も少ないので、期待するほどの効果を感じることができないかもしれません。それでも、映画やドラマにはそのときのレベルに応じた収穫が必ずあると思っています。

特に初心者の方におすすめしたいのが「イントネーションを意識する」です。もう少し具体的にいうと「アクセントの位置」「音節の数」「はっきりくっきり発音するもの＆曖昧に発音するものの区別」などになるのですが、なんとなくでもドイツ語独特のメロディーを真似できるようになると、ネイティブの人に聞き取ってもらえる確率がぐっと上がります。多少言葉を間違えていたとしても脳内で補足してくれるので、大丈夫！

ひとつひとつ細かい発音の精度を上げていくのも大切なのですが、気になり始めると沼なので、ちょっと甘いくらいの基準で合格点をあげてくださいね。例えば、多くの人を悩ませるＲの発音。私の意見では真の敵はＲではなくＬなので、まずはそちらをハックすることをおすすめします。**“du wirst”** と **“du**

willst”が混ざりやすいので、発音練習にぴったりです。この2つの言い分け、意外と難しいんですよ。母音の後のRは「ア」と発音するので、wirstは「ヴィアストゥ」と言うときれいに聞こえます。ところが、Rを意識するあまり「ヴィルストゥ」と言ってしまうとwillstに聞こえている可能性があるので要注意です。

ドイツ語っぽいメロディーと密接に関わっているのがアクセントと音節の数です。子音がたくさん重なる言葉が多いので、つい、母音を挟みたくなりますが、それはご法度！　例えば、**Psychologie**はカタカナで表すと「プスュ｜ヒョ｜ロ｜ギー」になりますが、「プスュ」が1つの音節なので、「プ」のことは一旦忘れて「スュ」と言ってみると、すんなりそれっぽく発音できるようになることも。アクセントの位置は辞書だけではなく、duden.deなどの無料のツールでも調べられます。そして、ドイツ語にも曖昧な音（音声変化）があることは多くの人にとって想定外のようで、とくに「語尾のeやen」は、「私調べ・聞き取れない≒再現できない音No.1」です。存在に気をつけておけばすぐに習得できると思うので、ぜひ耳を傾けてみてくださいね。

最後におすすめのドイツ映画をいくつか紹介しておきます。

『グッバイ、レーニン！』『おじいちゃんの里帰り』『ハンナ・アーレント』『善き人のためのソナタ』『点子ちゃんとアントン』

初めから聞き取るのは難しいと思いますが、どの作品も映画として楽しめますし、ドイツの歴史や文化の勉強にもなると思います。スクリプト付きのニュースなら、Deutsche Welleが提供している、スローテンポでニュースを読み上げてくれる『Langsam gesprochene Nachrichten』もおすすめです。

本音の隠し場所・ニュアンス言葉を使いこなす

ドイツでは自分の意見をはっきりと述べることが求められます。そのためか、きつい印象を持たれることが多いようです。しかし、当然ながら、相手の顔色を窺いながら傷付けないように言葉を選んだり、言いにくいことがあるとお茶を濁したりすることもあるのです。

日本では空気を読みますが、ドイツではzwischen den Zeilen lesen（行間を読みます）。言葉にならない隠された気持ちを解読するのに役に立つのがModalpartikeln（心態詞）と呼ばれる小さな言葉たちです。単体では翻訳しづらく、文中にさりげなく紛れ込んでいるので、ややもすると見落とされてしまう影の存在。その働きぶりはまるで忍者のようです。

心態詞を使って話し手は微細な感情を表現することができます。英語にも存在しない心態詞を強いて日本語に例えるなら、文末の「〜ね」「〜じゃん」「〜（だ）ぞ」といった終助詞と似ているといえるでしょう。日本語ネイティブの人ならこれらのニュアンスから相手の心情を汲み取り、しかも感覚的に正しく使い分けているはずです。これを論理的に説明するのが難しいように、ドイツ語の心態詞もはじめは分かりにくいかもしれません。ですが、ここに本音が凝縮されているので、聞き取れるようになるだけでも目から鱗、なんていうことも。まずは知るところから始めましょう！

ここでは、代表的な心態詞である**ja/aber/doch/mal/halt/eben/eigentlich**を紹介したいと思います。鋭い方はもうお気付きですよね？　そう、これらのジャーマン・ニンジャたちは相槌フレーズにも多数登場しています。

※使い方を間違えると微妙な空気になってしまう可能性もあるので、自己流アレンジはくれぐれもお気を付けください。

心態詞の基本ルール

1 省略しても文章は成立する
2 書き言葉では使わない、口語で使われる
3 文頭には置かず、動詞のすぐ後ろに来ることが多い
4 単体では別の意味を持つ

無意識に使っていることが多い心態詞にルールなんてあってないようなものなのですが、比較的多くのケースに当てはまるので、参考程度に捉えておけば大丈夫です。

ja/aber

心態詞の**ja**と**aber**はよく似ています。入れ替え可能なことも多く、言いやすい方を選んでもいいかもしれません。

1 話し手にとっては当然のこと・周知の事実であり、それが聞き手にとっても同じであることを期待している。自分の主張を正当化しようとする一面もある。 音声 11

Die Prüfung war ja einfach.
試験、簡単だったよね。（あなたもそう思ったよね？）
※**Die Prüfung war einfach.** 試験は簡単だった。

Du kennst mich ja. 君は私のことをよく分かっているでしょう。（だから、私が○○した理由も分かるよね）
※**Du kennst mich.** 君は私のことを分かっている。

Ich habe ja/aber gesagt.
（こうなると思ってたから）私はちゃんと言ったよね。
※私は「はい」と言った、という意味にはならないので注意です。
※**Ich habe gesagt.** 私は言った。

Ich wusste ja/aber nichts davon!
（だから、）何も知らなかったんだってば！
※**Ich wusste nichts davon.** 私は何も知らなかった。

2 本題に入る前の前置きとして使う。 音声 12

Tokio ist ja eine der größten Städte der Welt.
東京は、（ご存知の通り）世界で最も大きな都市のひとつです。

Sushi ist ja das bekannteste Gericht Japans.
寿司は、（ご存知の通り）最も有名な日本食です。

Du bist ja so gut in Mathe. Kannst du mir bitte bei den Hausaufgaben helfen? 君は数学が得意だよね。だから、宿題をちょっと手伝ってくれないかな？

3 強調する。

音声 13

Der Kaffee ist ja/aber heiß!
（想像していた以上に）このコーヒー、熱い！
※**Der Kaffee ist heiß!** このコーヒーは熱い！

Das ist ja/aber schön! めちゃくちゃいいですね！
※**Das ist schön!** いいですね！

Ist ja gut! 分かったってば！

Jetzt reicht ja/aber! いい加減にして！

mal

相手に何かを促したり、お願いをするときに加えると優しい印象になります。強調ではなくトーンダウン。辛さを抑えてマイルドな味にしてくれるクリームのような存在です。助動詞との相性がとってもよい言葉です。丁寧にお願いするときはこう言うんだよ、と、小さい子が**bitte**と一緒に最初に覚えるフレーズに含まれていることが多いです。日本語だと「ねえ」のニュアンス。

音声 14

Probier mal! やってみなよ！　食べてみなよ！

Probier! とはあまり言いません。文法的には間違っていませんが、使わない表現です。

Mach mal!　やってみなよ！

Mach mal! と **Mach!** だと前者の方が軽いノリで、後者の方が高圧的に聞こえます。

Sag mal　そういえば、話は変わるけど……

「何か言ってよ」にはなりません。「何か言ってよ」と言いたい場合は **Sag doch was!** のように目的語（この場合はwas）が必要になります。

Kannst du mal bitte etwas langsamer sprechen?
もう少しだけゆっくり話してくれるかな？

Darf ich mal fragen/etwas sagen?
ひとことよろしいでしょうか？　ひとつお聞きしたいのですが……。

Darf ich mal bitte Ihren Ausweis sehen?
あなたの身分証明書を見せてもらってもよいですか？

bitte が入っている時点で丁寧な尋ね方ですが、**mal** が加わることによって更に優しく物腰が柔らかい印象になります。ちなみに **bitte** と **mal** の順番を入れ替えても通じるのでお好みでどうぞ。

他には、誰かが何かに手こずっているときに……

Soll ich mal?　私がやってみようか

Soll ich? よりも少し控えめで、出しゃばりすぎない印象になります。

doch

ドイツ語学習者を惑わすワードランキング１位候補の**doch**。心態詞になると、おおむね自分の意見や主張を強調し、また正当化する働きをします。喧嘩まではいかずとも、一触即発な雰囲気でよく登場します。ピリッとするのでスパイスに例えるなら山椒みたい。

1 命令形に加える

音声 15

Geh doch mal zum Arzt!　いい加減、医者に行きなよ。

malが入ることによって、命令なのですが、お願いの要素も加わってきます。つまり、とやかく口出ししても許されて、なおかつ心配をするほど親しい間柄の人にしか使わない言い回しだと思ってください。これが**Geh doch zum Arzt!**だと「医者にさっさと行きやがれ」と突き放した言い方になります。**Geh doch bitte zum Arzt!**と**bitte**を加えると「お願いだから医者に行ってよ」というニュアンスになるので、もう少し柔らかい印象にはなりますが……いずれにせよ、医者に行くように説得している感じ。

Lass mich doch! 放っておいてよ！

Lass ihn doch! だと、放っておきなって！やらせておけばいい、というニュアンスを表現できます。

Mach doch! 好きにすれば？

2 自分の主張を正当化したり、相手を非難する。 音声 16

Ich habe ja doch gesagt! だから言ったじゃない！

ja も入っていてかなり強気。

Das wusste ich doch! こうなると思ってた！

Darüber haben wir doch gestern schon gesprochen.
それについては昨日もう話したでしょう。

3 同意を求めていない提案 音声 17

Vielleicht gehen wir heute doch ins Kino.
やっぱり今日は予定通り映画館に行こう。

この文から読み解けることは、「もともと映画を観に行く予定だったのを何らかの事情で一度はキャンセルし、やっぱり行くことにした」ということ。一度とりやめたことを**doch**が打ち消しています。そして、**vielleicht**を入れることで、ややマイルドではありますが、ほぼ決定事項として二人の予定を決めています。

halt/eben

この2つの言葉は非常によく似ていて、単体でもニュアンスは十分伝わるのですが、両方同時に使うこともしばしばあります。シチュエーションとしては、世の中の理《ことわり》を表現したいとき、話し手の意思ではどうもできないと思っているときに登場します。ある種の諦めワード。また、話をやや強引にまとめたいときにも出てくるので、この言葉を聞いたら、建設的な議論は期待しない方がいいかもしれません。役所のスタンプ（そう、ドイツにおいて役所のスタンプは水戸黄門の印籠のようなもの。とっても強力なんです）でもない限り、テコでも覆《くつがえ》りません。

習慣や、伝統に対しても使います。

音声 18

Warum das so ist, weiß ich auch nicht. Das ist halt so.
なぜこういうシステムなのか私にも分からないよ。
でも、そういうもんなんだよ。

Das kann man halt/eben nicht ändern.
とにかく、変えようがないんです。

Das ist halt so. そういうものなのです。

Das geht halt nicht! 無理なものは無理！

Mein Vater ist halt so. 父はそういう人だから。

その人の残念ポイントを話すときによく出てきます。ちょっとここが玉にキズなんだよね、って感じです。

Ich bin halt kein Romantiker.
私はロマンチストじゃないから。（素敵な演出は期待しないで）

Ich bin halt dagegen. まぁ、私は反対で……

これは「特に理由については触れたくないんだけど」というニュアンスがあります。話したくない理由までは分かりませんが、話すと長くなるからか、単純に理解してもらえないと思っているか、あるいは大した信念はないのか……あまり突っ込まなくてよいポイントかもしれません。

Sie war halt da. そんなこんなで彼女が、まぁ、そこにいて……

詳細は省略して、とにかく話を進めたいときによく使います。

eigentlich

さりげなく、しれっと……こんな言葉がよく似合う心態詞です。これもどちらかと言うとトーンダウンをしたいときに使います。例えば……

音声 19

Wie spät ist es denn eigentlich?
それはそうと今何時だっけ?

本当に時間を知りたいだけなら**eigentlich**は不要です。**Wie spät ist es jetzt?**（今何時ですか？）で十分です。もし、**eigentlich**が入っているときは、さりげなく話題を変えようとしているサイン。一度時間を確認して、ああ、そういえば……と次の話題を提供するためのクッションです。

Was wolltest du eigentlich sagen?　で、なんの話だっけ?

さりげなく、「興味がないわけではないんだけど、今の話よく分からなかったよ」と言われていると理解してください。

さりげなく言い訳をするときにも**eigentlich**をよく使います。そして、心態詞にしてはめずらしく文頭に持ってこられることがあり、助動詞**müssen**とセットで使われることも多いと覚えておくとよいと思います。

Eigentlich muss ich ja jetzt gehen, aber...
本当はもう帰らないといけないんだけど……

Eigentlich muss das funktionieren.
これで合ってるはずなんだけどなぁ……

Eigentlich mag ich ja keinen Kuchen, aber der hier ist so lecker. 本当はあんまりケーキは好きじゃないんだけどね、だけどこれは本当に美味しい。

ここに**ja**もいますね。これがあることによって、ケーキが好きではないことを強調し、いかにそのケーキが例外的に美味しいのかを伝えることができます。これもよく見かける構文なので、自分に当てはめて例文を考えておくと使い勝手がよいと思いますよ。

その他の心態詞

今回は残念ながら詳しいご紹介には至りませんでしたが、軽く触れておきます。

音声 20

【denn】 eigentlichとセットで使われることが多い。
machenとセットだとネガティブな含みがある場合が多い。

Was machst du denn eigentlich?
（用のないはずの君が）ここで一体なにをしているんだ？

【ruhig】相手が何かを恐れていたり、遠慮している時に使う言葉。

Sie können ruhig sagen.
遠慮せずにお話していただいて大丈夫ですよ。

Du kannst ruhig mitkommen. 一緒に来ていいんだよ。

【bloß/nur】(1)不安や不快な気持ちを表す言葉。

Was soll ich bloß machen? さて、私はどうしたらよいものか。

Wie konntest du nur? どうしてそんなことをしたの？

(2)強い要求などを表現する言葉。

Bloß nicht! とんでもない、絶対やめて！

【schon】(1)相手の心配を打ち消す言葉。

Das schaffst du schon. 君ならきっとやり遂げられるよ。

(2)譲歩しつつ反論したい時に使う言葉。

Das schon, aber ... それはそうかもしれないけど、でも……

【etwa】「まさか」と訳すと分かりやすい。

Hast du das etwa vergessen? 君はまさか忘れたの？

Glauben Sie etwa, dass ...
まさか～だとでも思っているんですか。

【einfach】話し手の主観や言い分などが出る。

Das ist einfach zu schwer für mich.
とにかく、それは私には難しすぎるよ。

Ich hatte das einfach vergessen. すっかり忘れてた。

【vielleicht】「ひょっとして」の意味はなくなり、
(どちらかというとネガティブな)驚きの気持ちを表すことも。

Du hast vielleicht eine Idee!
君はわかっているつもりかもしれないが、大間違いだ!

ドイツ語の本音と建前

ドイツ語では歯に衣着せぬ物言いしかしないのかと思われがちですが、とんでもない！　議論には遠慮はいらないので盛大に火花を飛ばすことも日常茶飯事ですが、誰かを傷付けてまで本音を言えばいいと思っているわけではないんですよね。相槌フレーズでも紹介した通り、歯切れの悪いことをいうことも多々ありますし、どこの国の人も本音と建前があります。ただ、本音の隠し場所を知っておくと、より円滑なコミュニケーションができるようになりますよ。

Column
コラム

だいたいなんでもお天気のせい。
ドイツ語の世間話

誰とでも気軽に話せるのが、お天気の話題。専門的な話に発展することが少なく、天気予報を見れば多少は予習もできるので、世間話がまだ苦手という方こそおすすめです！　一度覚えてしまえば繰り返し使える、コスパ（？）がいいトピックなんですよね。そして、何といっても最大の魅力は、ズバリ、なんでもお天気のせいにできちゃうところ！

例えば、ちょっと気怠い午後、同僚が「やる気出ないよねぇ……」とぼやいたとして。ここで「わかる。そうだよね……」と返すのではなく、お天気のせいにしてしまいましょう。「こうも天気がいいとベランダで仕事したいよね／雨が降ると気圧の変化が大きいらしくて、やる気が起きないのは自然な反応みたいだよ／寒いと活動量が落ちるよね……」などなど。すべて私自身が言ったか、言われたことがあるようなフレーズばかりですが、要するに大して意味もなければ根拠もない、ただのこじつけです。誰も傷付かないですし、雨ニモ風ニモ負ケテ、全部お天気のせいにしてしまえばいいんです。

ちなみに、日本語の「晴れ男・女」という考え方がドイツ語にはありません。強いていうなら

Ich habe immer Glück mit dem Wetter.
お天気にはいつも恵まれています。

が近いと思いますが、ちょっと面白い表現でいうと

schönes Wetter bestellen／いいお天気を注文する

Column
コラム

があります。我こそはいつも「予約したようにいいお天気」に恵まれている、という自信がある方は、

Ich habe extra für heute schönes Wetter bestellt!

今日のためにいいお天気を注文しておいたの！

と自分の手柄かのようにちょっと大袈裟に満面の笑みで言ってみてください。大丈夫、ちゃんとユーモアとして受け取ってくれるのでご安心を！

以下、やる気が出ないのを全部お天気のせいにした例文を考えてみました。

Kein Wunder! Heute haben wir ja so ein schönes Wetter! Ich könnte ja vom Garten aus arbeiten. Sag mal, sollen wir nicht später Eis essen gehen?

そりゃ、そうだよ。こんなにいいお天気なんだもの。庭で仕事したいなあ。ねぇ、あとでアイス食べに行かない？

Wer hat schon Lust auf Arbeit bei so einem Regenwetter!

こんな雨の日は、モチベーションが上がらないよね！

Es ist ja auch kalt und dunkel. Bei Schnee sollte man sowieso zu Hause bleiben und Kekse backen. Habe ich recht?

寒いし、暗いし、仕方がないよ。雪の日は家にこもって、クッキーを焼くに限るよ。そう思わない？

中身は正直なんでもいいんです。それよりも、お天気の話から生まれる雑談自体が、仲間意識を育む種になっていると思います。ドイツ流の共感術、ぜひ使ってみてくださいね。

切っても切れない？
前綴りと動詞の素敵な関係

ドイツ語学習者泣かせの代表格として悪名高い（？）、分離動詞。もともと副詞や前置詞として独立していた語が「前綴り」として「基礎動詞」にくっついて生まれた動詞です。その名前のとおり、前綴りが分離したり、かと思えばくっついたり、理不尽な動きをするので嫌われ者なんです。少しだけ擁護すると、英語の句動詞にも“pick me up (pick up)”のように、似たような動きをする「目的語割り込みタイプ」がありますし、文法的にはドイツ語の方が総じて単純なはず。でも確かに、一緒になったからには手を離さないでいてほしいですよね。ややこしくなるし、ふらふらするのをやめてほしい気持ちはとてもよく分かります。

そこで、このように考えてみてはどうでしょう？　前綴りと基礎動詞はそもそもひとつではなく、愛犬（前綴り）と飼い主（基礎動詞）のようなもの。少しはとっつきやすくなりませんか……？　両者は強い絆で結ばれているのですが、ひとつにはなれない関係性なんです。前綴りは、お散歩中にちょっと遠くに走っていってしまうこともあるけれど、必ず戻ってきてくれる可愛い愛犬のような存在、と思い込みましょう。実際、結構いい仕事をしてくれているんですよ！

※多くの辞書では、分離動詞の不定形を「前綴り｜基礎動詞」のように縦線を入れて表記しているので、分離動詞だとすぐに分かるようになっています。

前綴りの役割と種類

もともと副詞や前置詞など独立した言葉だったものが変化して今の形になっているので、前綴りにはひとつひとつ意味があります。それらを覚えておくと、辞書を引かなくてもなんとなく意味を推測しやすくなります。漢字の偏《へん》と似ていますね。そして、英語などに比べるとそもそも数が少ないドイツ語の基礎動詞は、前綴りによってレベルアップします。表現が具体的になったり、豊かになったりするのです。それに伴い、目的語を省略しても意味が通じるようになるというメリットも生まれます。これはとっても画期的なことなので、後でもう少し詳しく説明しますね。

前綴りには、必ず分離するもの、分離しないもの、分離する動詞としない動詞の二刀流、の３種類があります。

ここでは、たくさんある前綴りの中で、これだけ覚えておけばなんとかなる！と思うものを中心に選んでみました。

分離動詞の前綴りと基本的な意味

前置詞とほとんど同じなので意味を捉えやすい一方で、分離していると前綴りだと気が付きにくいところが難点です。

ab-	「離れる」「切り離す」「取り消す」「コピーする」
an-	「接近する」「相手に矢印を向ける」
auf-	「上へ」「立てる」「開ける」「浮かぶ」
aus-	「外へ」「除外する」「終了する」
ein-	「中へ」
mit-	「一緒に、携えて」
nach-	「追う」
vor-	「前へ」
zu-	「加えて」

例えば、**steigen**には、「a. 上方向に移動する、登る／b. 上昇する」などの意味があります。

a. の意味で使いたい場合、つまり主語が「移動する」ときは必ず目的語が必要です。“Ich steige.” だけなど、目的語がない文は成立しません。

auf einen Berg steigen　山に登る
Treppen steigen　階段を昇る
in das Auto steigen　車に乗る
aufs Fahrrad steigen　自転車に乗る

b. の意味で使いたい場合、特に目的語がなくても大丈夫です。触れないものや、空に向かって上がっていくのが自然なものが多いです。

Die Temperatur steigt.　気温が上がる

Die Wahrscheinlichkeit steigt.　可能性が高まる

Die Sonne steigt.　日が登る

このsteigenに、前綴りをくっつけてみましょう。

einsteigen　（乗り物に）乗る

aussteigen　（乗り物から）降りる

absteigen　（乗り物や馬から）降りる

aufsteigen　（乗り物に）乗る、上昇する

zusteigen　（乗り物に）乗り込む

umsteigen　乗り換える

nachsteigen　誰かの後から登る

前綴りがあることで、目的語がなくても意味がかなり限定的になりました。そのため、命令形に活用するときも **Einsteigen, bitte!** など、目的語を伴わなくても通じるようになります。これはただでさえ長いドイツ語にとっては画期的だと思いませんか？

非分離動詞の前綴りと基本的な意味

分離しないので迷子にはなりませんが、分離動詞に比べると前綴りそのものの意味が分かりにくいです。傾向とし

ては、抽象的・概念的な言葉が多いです。

be-　「強調する」
ent-　「取り除く」
er-　「成果」
ver-　「変化」「通り過ぎていってしまう」「無くなる」
zer-　「原形を留めないほどの著しい変化」「破壊」

ここでは**setzen**という動詞で変化を見てみましょう。主な意味として「a.（人やもの）をある状況・状態に置く、移す、据える、座らせる、乗せる/b.想定する、仮定する」があります。よく耳にするのは**Setz dich.**（座って)かもしれませんね。意味がたくさんあるので前綴りをつけると大化けしますよ！

besetzen　（場所や時間などを）確保する、ふさぐ
Dieser Platz ist besetzt.　この席は予約済み、使用中

Besetzungは映画のキャストのことも指します。

entsetzen　～をぞっとさせる、がっかりさせる
Die Nachricht entsetzte mich.
その知らせに私はぎくりとした。
Ich bin entsetzt.　私はひどくびっくりした。

こちらの意味で使われることの方が多いですが、

jemanden seines Amtes entsetzenで「職を解く」という意味になります。

ersetzen　代理をする、埋め合わせをする、補う、置き換える

Diese Maschine ersetzt drei Arbeitskräfte.
この機械は3人分の仕事をする。

Ersatzで「スペア」という意味になります。

versetzen　他の場所へ移す、進級させる、〜の立場に身を置く

Er wurde nach Tokio versetzt.　彼は東京に転勤になった。

再帰動詞ですが、こちらも非常によく使います。

Versetzen Sie sich doch in meine Lage!
私の身にもなってくださいよ！

zersetzen　崩壊させる、分解させる、墜落させる

Die Säure zersetzt das Metall.　酸は金属を分解する。

物理的な現象だけではなく、例えば**zersetzende Schriften**は「危険文書」という意味になり、精神的な破壊の意味でも使われます。

分離＆非分離動詞の前綴り

まさかの二刀流。綴りは同じなので、文脈やイントネーションで区別するしかありません！

über- 「先方へ」「越える」「過剰に」

um- 「回転」「転換する」「迂回」

unter- 「下の方へ」「不足」「中断」

口頭ではアクセントの位置（分離動詞の場合は前綴りにアクセント、非分離動詞なら基礎動詞にアクセント）が変わるのでそこで判断します。ここでは**legen**という動詞を使ってみます。

legenは英語のlayに相当するもので、「置く」「立っているものを横にする」という意味があります。「置く」対象は「瓶」から「子ども」までとても幅広いので、何にでも使えると思っておけばいいと思います。前綴りを付けてみましょう。

Ⅰ）アクセントが前綴りにある場合・分離する
Ⅱ）アクセントが基礎動詞にある場合・分離しない

überlegen:

Ⅰ）～を掛ける、乗せる

Ⅱ）熟慮する、（形容詞）優れている

umlegen:

I）衣類などを羽織る、倒す、横に傾ける

II）周りに置く

unterlegen:

I）〜を〜の下に置く

II）何かを敷く、（形容詞）劣っている、劣勢の

legen以外の動詞でもみてみましょう。

II）**unterschreiben**　サインする　Unterschrift サイン

II）**überschreiben**　表題をつける　Überschrift タイトル

I）**umschreiben**　書き直す

II）**übersetzen**　翻訳する

I）**umsetzen**　実現する

I）**umziehen**　引っ越す

I）**überziehen**　上に着る

II）**überziehen**　表面を覆う、コーティングする

マイナー前綴り、この動詞を覚えればOK！

ここからは前綴りとしてはそれほど多く登場しないものの、日常的によく目にする動詞を選んでみました。

fern-「遠くにあるものを示す」

fernsehen テレビを見る

her-「一定の距離を保つ・接近する」

herleiten 導き出す、由来する

herstellen 生産する

statt-「代用・場所を示す」

stattfinden 開催する

teil-「部分・分け前を示す」

teilnehmen 参加する

weg-「離脱・除去・奪取を示す」

weggehen 立ち去る、街へ遊びに繰り出す

wegfallen 抜け落ちる、ボツにする

weiter-「さらに続ける動作」

weiterleiten 転送する

zurecht-「正しいものを示す」

zurechtkommen 間に合う、折り合いをつける

zurück-「元の方向・後ろ方向への動作」

zurückschreiben 返信する

zusammen-「一緒に・かき集めるもの」

zusammenarbeiten　共同作業する、統合する

知れば知るほど奥が深い分離動詞。どんどん沼にハマっていくだけのような気がしないでもないのですが、ドイツ語の面白さや醍醐味もここにあるんです！　また、前綴りをマスターすると初見の動詞でも意味を推測しやすくなるので、習熟度はぐっと深まると思います。

Column
コラム

綿谷式！
やる気が出ないときの語学勉強法

「継続は力なり」（ドイツ語ではÜbung macht den Meister.「修練が達人を作る」といいます）とはよくいったもので、語学学習はセンスや才能のある人よりも、コツコツ続けられる人の方が最終的には大きく伸びるように思います。とはいえ、毎日続けるのは至難の業!!　やる気がどうしても起きない日もありますよね。そんなときにほんの少しでもドイツ語に触れられたら、自分をうんと褒めちゃいましょう。

余力がある程度残っているとき

ちょっとだけ元気があるときにおすすめしたいのがDiktat（書き取り）です。ドイツ語の文章を聞いて書き取る勉強法です。リスニング力はもちろんのこと、スペリングや文法の復習にもなりますし、総合的に勉強できるのが魅力。音源はお好きなものでいいのですが、特にこだわりがないのであればDeutsche Welleが提供している『Langsam gesprochene Nachricht-en』（コラム「イントネーションのコツ」にも登場、https://learngerman.dw.com/de/langsam-gesprochene-nachrichten/）はとてもよい教材だと思います。書き取り用に設計されているわけではないのですが、ニュースをゆっくり読み上げているので、再生と停止を繰り返せば、なんとか文章の形にはなると思います。分量は75～100ワード（日本語で500文字前後）の文章で充分。慣れないうちは見出しだけでも

Column
コラム

よいと思いますよ。ニュースをおすすめする理由は、文章の流れに「型」があること、時事ネタの勉強になること、話題を繰り返し耳にすることが多いことなどです。映画やドラマのスクリプトは有料であることがほとんどなので、無料で提供されているところも魅力だと思います。

とにかく時間がないとき・頭が回らないとき

「書き取り」ほどではないですが、「書き写す」だけでも充分よい勉強になります。繰り返し同じテキストを使っても、毎回違うテキストでも構いません。好きな文学作品でも、ニュース記事でも、ジャンルも自由です。ここで最も大切なのは制限時間を設けること。その上でできるだけ正確に、多く書き写すことが目的です。このテキストを全部書き写すぞ！ではなく、5分でどこまでできるかな？とチャレンジした方が自分の成長が分かりやすく断然おすすめ。制限時間は短い方が達成感があるので5分、長くても10分程度に設定して、やる気が出てきたら数セットやるなどして調節したらよいのではないでしょうか。ちなみに、私が5分間で書き写せるのは80ワード前後でした！

ぜひ、教科書や参考書を開くのが億劫なときに試してみてくださいね！

Topik

ここを押さえて
楽しく話す！
厳選トピック7

夏は夜更かし
「ナイトミュージアム」

◆ 芸術文化 ◆

"Denn es ist unser Ziel, dass unsere breite, vielfältige kulturelle Landschaft auch nach der Überwindung der Pandemie, nach der Überwindung dieses tiefen Einschnitts weiterexistieren kann. Das ist eine anspruchsvolle Aufgabe, aber diese Aufgabe hat die Bundesregierung ganz oben auf ihrer Prioritätenliste."

わたしたちの目的は、ドイツが持つ幅広く多彩な文化的環境が、パンデミックを乗り越えた後、つまり深刻な中断を乗り越えた後も存在し続けられることなのです。これは難しい課題ですが、連邦政府はこの課題を最優先事項として考えています。

（筆者訳）

ビデオポッドキャスト"Merkel sichert Kulturschaffenden Unterstützung zu"より

2020年3月、新型コロナウィルスの感染拡大を受けて、ドイツ連邦政府は芸術・文化領域にも適用される零細企業・フリーランス向けの緊急支援策を発表しました。そのように先行きが見通せずに多くの人が不安を抱える中で、なんとしても芸術及びアーティストを守ると言い切ったメルケル元首相の力強い言葉は世界中の耳目を集めました。

ドイツ政府はその後も建国史上最大規模の文化イベントのための特別基金を閣議決定しています。なぜ、芸術文化がドイツの社会において、これほどまでに必要不可欠とされているのでしょうか？　このトピックでは、ドイツで芸術文化が担っている役割について考えていきます。

◆ 芸術文化は身近な存在 ◆

ドイツでは、アートが日々の生活に深く根付いています。高尚な趣味、教養としてだけではなく、誰もが気負わずに楽しめる、すぐ隣にある存在として、芸術が人々に受け入れられています。例えば、クラシックのコンサートへ行くときも服装は至って自由。ドイツの中でもベルリンは自分らしいファッションを大事にする傾向が強く、オペラハウスで行われるようなクラシックコンサートであっても、（もちろん演目にもよりますが）ドレスアップしている人からデニムなど普段着で聴きにいく人まで様々です。要するに、自分がふさわしいと考えるスタイルで楽しむことが大切なのです。

費用面で芸術文化へアクセスしやすいところも、芸術が身近なものとなっている理由のひとつです。例えば、比較的高価とされるベルリン・フィルハーモニーの公演でもいちばん安いチケットなら30ユーロ程で手に入ります。立見席ならさらにリーズナブルですし、懐《ふところ》事情に合わせた楽しみ方ができるように価格設定されています。手頃な価格のチケットはすぐに売り切れてしまいますが、運がよければ、払い戻しされた当日券などが手に入ることもあるので、諦めずに劇場まで行ってみるのもおすすめですよ。

夏になるとオープンエアコンサートが盛んに行われます。その中でも外せないのが、多くのベルリナーが毎年楽しみにしている「Staatsoper für alle – Open-Air-Konzert」(自動車メーカーBMWがスポンサーの屋外コンサート)でしょう。世界的指揮者のダニエル・バレンボイム率いるベルリン国立歌劇場管弦楽団による無料のオープンエアコンサートです。Staatsoper "für alle"(すべての人のため)を謳っているだけあり、ベルリン市内中心部にあるベーベル広場で行われます。もうひとつ「Classic Open Air」と呼ばれる野外コンサートがあり、こちらは毎年チケットが完売するほど人気の有料コンサートです。ですが、ベーベル広場から歩いて5分の距離にあるジャンダルメンマルクト広場で行われ、広場の外でも音色が聞こえてくるので、実質的には無料で楽しむことができます。広場には、プレッツェルやビールを買える出店が並び賑わいます。お客さんたちもドイツ人らしく、野菜スティックやサンドイッチ、折り畳み式のキャンピングチェアまで用意して、コンサートが始まる何時間も前からシティーピクニックをいっぺんに楽しんでしまうのです。近くにいる人同士で何気なく会話が始まり、意気投合することも！　こうした偶然の出会いを楽しむ場所としてもよいイベントだと思います。

ベルリンで日々楽しめるのは音楽だけではありません。美術館や博物館もLange Nacht der Museen（ミュージアムの長い夜）と呼ばれるナイトミュージアムイベントを夏に開催します。いつもなら閉館している夜の時間帯にアート鑑賞を楽しむ企画。イベントのチケット（2022年は一枚18ユーロ）を買うと、参加しているアート施設を好きなだけ巡ることができます。ベルリンでは70以上の施設が参加していて一晩ではとても回りきれませんが、ちょっと行ってみたかったミュージアムに行くきっかけになります。また普段よりもカジュアルな雰囲気で、子どもから大人まで幅広い年代が楽しめるプログラムも多数あるので、家族でのおでかけにもぴったりです。ライトアップやプロジェクションマッピングも美しく、街を散歩するだけでもウキウキしますよ。

日本に住む人たちが花火大会に行ったり人気のかき氷屋さんに食べに行ってみるのと同じ感覚。みんなで一緒に楽しめる夏の恒例イベントのひとつとして、オープンエア・クラシックコンサートやナイトミュージアムに行くのだと思えば分かりやすいかもしれません。芸術と生活を繋ぐものが数多くあるからこそ、人々もアートを身近に感じられるのではないでしょうか。可能性は無限大！

◆ 自分でも弾いてみたい、そんなときは ◆

このように日常的にアートに触れる機会はそれなりにあり、クラシック大国と思われているドイツですが、楽譜の読み方を知らない人も多いんです。学校の授業でも、譜読みにはそれほど力を入れていないことも影響しているのだと思いますが、楽しみ方に決まりはないし、「音楽を教養として覚えさせるのではなく、好きになってから自発的に知識を身につければよい」という考え方が根底にあるようです。

自分でも楽器を習いたくなった場合は地域の音楽学校（市立・区立）で月々40～60ユーロ程度でプライベートレッスンを受けることができます。さらにバイオリンなど金銭的負担が大きい楽器は年間100ユーロ弱でレンタルすることもできます。これなら購入する必要がないので、色んな楽器に触れてみることができますし、なにより気軽にチャレンジできますよね。入口のハードルが低く、少ない負担で継続できるように設計されているところにも「音楽はすべての人に開かれたものであるべき」という意識が感じられます。プロを目指さなくとも、自分の余暇の時間を使って楽しむもののひとつとして、芸術は生活の一部に溶け込んでいます。

◆ ドイツを支える巨大産業 ◆

あまり知られていないかもしれませんが、自動車産業に次いでドイツ経済を牽引しているのがクリエイティブ産業です。ドイツ語ではKultur- und Kreativwirtschaft（文化・創造経済）といい、その範囲は音楽・書籍・美術・映画・報道・印刷・舞台芸術・デザイン・建築・広告・ソフトウェア・ゲームなど多岐にわたります。連邦経済・気候保護省が公開している報告書[※1]によれば、2020年のクリエイティヴ産業の年間付加価値額は946億ユーロで、これはGDPの2.8%に相当します。この分野で働く人の数は約180万人、企業数は25万9000。その多くが零細企業及びフリーランスであるため、大企業のような手厚い福利厚生を受けられません。そのため、コロナ禍での対応のように迅速な支援をすることがこの産業には必要であり、合理的でもあることが分かります。

もう少し数字で見ていきましょう。博物館・美術館の数はドイツ全国で約6800、年間来場者数は約1億1400万人。公立（国立・州立・市立）劇場の数は約140。ベルリン市内には全国最多の810以上の文化施設があります[※2]。文化施設の数と都市人口はある程度比例しているようですが、国内2位の人口184万を誇るハンブルク市にある文化施設の数（290）が、人口366万人のベルリンの35%程度に留まるところを見ると、いかにベルリンが文化的都市であるかが窺えるのではないでしょうか。さらにベルリンといえばテクノミュージックの聖地とも呼ばれ、現代のシーンを代表するクラブ「ベルクハイン」や「トレゾア」などがあります。それらは810軒のうちには数えられていないので、実際にはもっと多くの文化施設があることになります。

ちなみに、ベルリン市内にある3つの公立オペラ劇場を束ねる財団法人オペラ・イン・ベルリンは約2000人の従業員を抱えています。実は、私の母が衣装部で働いているのですが、衣装部だけでも70～80人が勤務しているそうです。工房はドイツにある公立劇場の中でも最大規模で、新しい演目が決まるとオリジナルの衣装を作るために衣装デザイナーがデザインを起こし、演出家や舞台監督らと相談しながら細部を決定していきます。

驚くべき点は、工房専属の染め職人、靴職人、帽子職人、カツラ職人など、衣装を作り上げるのに必要な人材がすべて揃っていること。衣装を縫う職人がいちばんの大所帯で、6つのチームに分かれており、各チームのリーダーであるマイスターが適任だと思う職人に仕事を振っていきます。母はオートクチュール仕立てのしなやかなドレスを得意としていますが、奇想天外でクリエイティブな衣装に取り組むのはもっと楽しいそうです。ときどき、演者さんが着ている写真がウェブサイトにアップされると、母から

「この衣装を担当しました」と連絡が来ます。自分たちの仕事が芸術作品の一部として存在していると実感する瞬間はとても感慨深いとのこと。同世代の同僚たちはその道一筋40年以上、定年まで勤め上げる大ベテランばかり。しかも、見習い時代から働いている人も少なからずいるというのだから驚きです。マイスターのもとについて修業する見習いを受け入れている数少ない職場のひとつとして、次世代教育にも尽力しています。それを聞くと、戦後のドイツは莫大な公的予算を使って裏方も含めた芸術文化の担い手を育て、生活を保障してきたのだなぁと、彼らへのリスペクトを感じます。

また、ドイツらしいなと感じるのは、自分の仕事が大好きな職人たちであっても、余暇はしっかり休んでいるところ。母の同僚たちはみんな、庭先にやってくる野鳥を愛でたり、夏の間は庭で一日過ごしたりするのが大好きなんだそうです。

◆ 芸術は「民主主義の酸素」◆

トピック「教育」でも紹介しますが、戦後のドイツは、教育・芸術文化・メディアの分野を国に管理させるのではなく、各州が基本的な権限を持っている連邦制度を導入しています。その理由のひとつは、州に任せた方がその土地に合ったプロジェクトを実行しやすく、より多彩な文化に繋がるというメリットがあること。そして、ナチス時代に中央集権型の政府が芸術や文化を巧みにプロパガンダに利用し、新しい芸術や文化活動を「退廃芸術」だとして激しく弾圧したことへの反省もあります。そのため、ドイツには芸術文化を専管とする省庁がありません。とはいえ、助成金など、全国レベルの芸術文化政策がないわけではありません。連邦首相府直属のポストとして置かれたのがBeauftragte/r der Bundesregierung für Kultur und Medien（略してBKM）です。通常、日本ではこのポストを「文化大臣」と呼びますが、メルケル元首相と共にコロナ禍でその発言が注目を浴びたモニカ・グリュッタース氏の正式な役職名はこの「連邦政府文化メディア委任官」ということになります。彼女がターゲス・シュピーゲル紙のインタビュー[※3]で語った「芸術の自由は、民主主義が生存に必要な酸素を供給する」という言葉は、日本でも多く紹介されていましたね。これまでも芸術は決して贅沢品ではないといわれてきましたが、これほどまでに端的に表現した政治家はいなかったという意味でも、センセーショナルだったと思います。

メルケル元首相が芸術の意義について語った言葉をもう少し引用したいと思います。

“Die kulturellen Angebote sagen etwas über uns aus, über unsere Identität. ”

“Kulturelle Veranstaltungen sind für unser Leben von allergrößter Wichtigkeit. Das gilt auch für die Zeit der Corona-Pandemie. Und vielleicht wird uns erst in dieser Zeit bewusst, was wir vermissen. Denn in der Interaktion von Künstlerinnen und Künstlern mit ihrem Publikum ergeben sich völlig neue Perspektiven, auf unser eigenes Leben zu blicken. Wir werden mit Emotionen konfrontiert, entwickeln selber Emotionen und neue Gedanken, sind bereit, in interessanten Streit und Diskussionen einzutreten. Wir verstehen die Vergangenheit besser und können auch ganz neu auf die Zukunft blicken. ”

文化的活動や催し物が表現しているのは、わたしたちについてであったり、わたしたちのアイデンティティについてだったりします。（中略）

文化的イベントは、わたしたちの生活にとって何よりも重要なものです。それはコロナ・パンデミックの時代でも変わりません。もしかすると、こうした時代になってようやく、失われたものの大きさに気が付くのかもしれません。なぜなら、アーティストと観客との相互作用の中で、自分自身の人生に対して全く新しい視点がうまれるからです。わたしたちは様々な心の動きと向き合い、自分自身の感情や新しい考えを育み、そして、興味深い論争や議論に参画できるようになります。そうすることで、わたしたちは過去をよりよく理解し、また全く新しい眼差しで未来を見ることができるのです。（筆者訳）

ビデオポッドキャスト“Transkript Podcast „Corona und Kultur“ 09.05.2020”より

このビデオポッドキャストでメルケル氏は、「不安を抱えているときこそ対話が必要であり、芸術文化はその土台となる必要不可欠なものである」と語っています。なぜならば、芸術文化に触れることで多様な価値観と出会い、そこに自分自身を再発見できるからです。アートを通して、自身の心の動きと向き合う機会を得ることもできます。その体験が想像力を育み、さまざまな背景を持つ人々が共生する社会のベース、あるいは共通言語として作用すると考えられています。社会がますます多様化し、人々のあいだに様々な分断が生まれることも多い昨今、アートの重要性はさらに高まり、ついには「酸素」にまでなってしまいました。そのため、芸術文化に自由にアクセスできる環境を整備することは国家・各州にとっても重要な責務なのです。

◆ Ist Kunst systemrelevant?! ◆

ドイツにおける「2020年の言葉」のひとつに「systemrelevant」という言葉が選ばれました。relevantは「重要な」「関連性がある」という意味で、それがSystem（システム）と結合して生まれたのがsystemrelevantです。破綻してしまうと「システムに関わる」くらい重要という意味で、元々は2008～2009年の金融危機の際に、ある企業があまりに巨大で倒産してしまうと影響を及ぼす範囲が広すぎる、転じて「システムに関わるから」倒産させるわけにはいかない、という文脈で使われ始めた言葉です。英語ではtoo big to failと訳されているのですが、コロナ禍で意味が変わり、今では主に現代社会に必要不可欠なエッセンシャルワーカーのことを指しています。

経済用語としては使われることがほとんどなくなったものの、流行語に選ばれるくらい日常的に多くの分野で使われたので、「芸術文化はシステムに関わる」という表現もよく耳にするようになりました。果たしてそれは一体どういう意味なのでしょうか？

ここまでの文脈でいえば、複雑な現代社会に生きる人々の相互理解にアートは必要不可欠であるということ。しかし、それだけではなさそうです。というのも、ドイツでは、ことさらに現代アートには政治的であることを強く求める傾向があるからです。この「政治的」を別の言葉で言い換えるなら、「自己主張・意思表明」などでしょうか。創造物としての美しさや新しさも当然大切ですが、どんなメッセージが込められているのかを鑑賞者は知りたいと考えています。つまり、芸術家は作品を通して職業を全うし、社会の一員として自分の意見を述べているので、それが規制されるということは、民主主義において根源的な権利を奪われることと同義なのです。芸術文化はシステムに関わっているし、とても身近な存在であることのあらわれなのだと思います。

※1：連邦経済・気候保護省（Bundesministerium für Wirtschaft und Klimaschutz（通称BMWK））の報告書「Monitoringbericht Kultur- und Kreativwirtschaft 2021」https://www.kultur-kreativ-wirtschaft.de/KUK/Redaktion/DE/Publikationen/2022/monitoringbericht-kultur-und-kreativwirtschaft-2021.html

※2：https://de.statista.com/statistik/daten/studie/1233776/umfrage/staedte-mit-den-meisten-kultureinrichtungen/

※3：https://www.tagesspiegel.de/kultur/kultur-in-der-corona-krise-kunst-ist-existenziell-fuer-die-demokratie/25813334.html

ジャガイモの種類にはうるさいぜ

◆ スーパーマーケット ◆

旅先のスーパーマーケットを必ずチェックするという方、多いのではないでしょうか？　観光するだけでは分からない、地元の人の生活を肌で感じられる、お宝スポットですよね！　行き慣れたお店でも、一時帰国中に久しぶりに訪れると新しい発見があるのが魅力で私も大好きです。このトピックでは、日本にも住んだからこそ分かった、ドイツならではのスーパーマーケット事情をご紹介します。

◆ スーパーマーケット界のBIG4 ◆

ドイツで最も知名度が高く、規模が大きいスーパーマーケットチェーンは4つ（ALDI / EDEKA / REWE / Kaufland）あります。もちろん、街中には他にも数多くのチェーン店があるにはあるのですが、実はこれらBIG4の関連企業であることが多いのです。また、すでにディスカウントショップ（低価格帯店）であるALDIグループを除き、それぞれディスカウンターチェーンが傘下にあるのも特徴です。ざっくりまとめると、主に上に挙げたEDEKA、REWE、Kauflandとそのディスカウントショップである Netto、Penny、Lidl、それに南北ドイツそれぞれのALDI、以上8つの看板がドイツで鎬《しのぎ》を削っています。

余談ですが、これら大手のスーパーマーケットチェーンは義務教育を終了した若者に人気の就職先でもあります。元々ドイツの伝統的な師弟制度から派生してできた、週2日は学校へ通い、週3日は企業での実務訓練を並行して行う、Ausbildungと呼ばれる実践型教育システムがあります。スーパーマーケットチェーンなら、Kaufmann/-frau im Einzelhandel（小売業の営業）などが典型的な職業で、教育訓練生として採用され、2～3年のプログラム終了後、最終試験に合格することで修了となります。教育訓練生（Auszubildende(r)、略してAzubi）には訓練期間中、企業から労働協約で定められたAusbildungsvergütung（職業訓練手当）が支給されます。また、Ausbildung修了後にそのまま雇用されることも少なくなく、大学へ進学する人が増えているとはいえ、今も多くの人に支持されているシステムです。

◆ Eingang 入口 ◆

最近、少なくなってきたように思いますが、入り口にゲートのついた一方通行のスーパーマーケットが結構な割合で存在します。行きはよいよい、帰りは怖い……？　結果的に何も買わなかったとしても、レジを通り抜けなければ出られないので、実際にお買い物中のお客さんの後ろをすり抜けることになり、とっても気まずいです。大きなカートがあるレジだとまず通り抜けられないので、カゴを持ったお客さんのいる列が狙い目なんですが、割り込み（や万引き）と間違えられないように、なんとなく空の両手を上げ “Entschuldigung...!” と言う感覚は、日本の通勤電車の中にも似ているなあと思ってしまいました。

もうひとつ、日本と違うところはカート（めちゃくちゃ重たい！）が鎖で繋がれているところです。小銭をコイン投入口に差し込むとロックが解除され、再びカートステーションに戻してロックするとお金が返ってくるようになっています。50セント玉、1ユーロ玉、2ユーロ玉のどれでもたいがい使えるようになっています。カート付近で両替してほしいとお願いされることもよくありました。それでも小銭がないこともありますし、やはり取り忘れてしまう人も多いので、最近ではEinkaufsmünze（ショッピングコイン）だけではなく、アイスクリームスプーンのような形をしたEinkaufswagenlöserと呼ばれる商品が普及しているようです。中には栓抜きと一体型のものもあって、さすがはビール大国ドイツ……といったところでしょうか。スマホアプリでロック解除する方法も徐々に広がっているようです。ただ、スマホを持っていない人や慣れていない人もいるので、今後どれくらいのスピードで普及していくのか気になるところです。

そういえば、ディスカウントストアには買い物カゴを置いてないところが多いです。巨大なカートを使うほどではないしなぁ……というときは、店内にそのまま置いてある、商品が入っていた空の段ボール箱を使っている人をよく見かけます。私の個人的なおすすめは、トマト缶が入っていた箱。それほど幅もなく、浅めなのでお買い物にはちょうどいいですよ。

Check!

買い物カートにまつわる単語

der Einkaufswagen　買い物カート
die Münze　小銭
der Einkaufslöser　買い物カート開け具
das Smartphone-App　スマートフォンアプリ

◆ Obst und Gemüse　野菜と果物 ◆

日本のスーパーマーケットと同様、入り口のゲートを抜けて店内に入ると野菜や果物が並びます。ドイツらしいところといえば、ジャガイモとリンゴの種類が豊富なところでしょうか。中でも主食でもあるジャガイモに対するこだわりは強く、日本のお米のように、品揃えのよいスーパーマーケットなら少なくとも7〜8種類は取り扱っています。ドイツでジャガイモを調理する際に押さえておきたいポイントは、ジャガイモには大きく分けてfestkochend（固め）とmehlig（粉っぽい）の2種類があるということです。

festkochendは煮崩れしにくいので、Bratkartoffeln（ジャーマンポテト）やAuflauf（グラタン）、和食なら煮物にも向いています。mehligは粉吹き芋を作るのにぴったりといえば分かりやすいでしょうか。ジャガイモのポタージュスープやKartoffelpüree（マッシュドポテト）を作るのに向いているといわれています。コロッケを作るときもこちらがおすすめです。このように料理によって使い分けていたので、東京で最初に住んだ家の最寄りスーパーに行ったとき、かなりショックを受けました。ジャガイモは1種類、品種の名前も明記されていなかったからです。日本のジャガイモも味がよく染みて好きですが、ドイツのジャガイモもときどき恋しくなります。

ドイツの食料品は全体的に非常に安く、ヨーロッパの中でもいちばん安いのでは？と思うくらい。その金銭感覚で東京のスーパーマーケットに行くと値段の差に目が飛び出るほどびっくりします。量り売りがないことも驚きでした。ドイツでは、野菜や果物はバラ売り・量り売りが一般的なのです。昔は売り場にある秤で自分で量って、その野菜や果物に割り当てられた番号のボタンを押すと値段が印字されたシールが出てくるので、それを貼って……と手間がかかりました。間違いも当然起こります。お店の人と言い合いになることもあるし、挙句の果てには確認のために店員さんが売り場に行ってしまうので、レジが大渋滞する、なんてことも日常茶飯事でした。今はというと、ほとんどのお店ではレジに内蔵された秤で量ってもらえるので消費者の手間はぐっと減っています（オーガニック系のローカルチェーンなどはセルフがまだ多い気がします）。ただ、お店の人でも間違えることはあるので、お会計が終わってからのレシートチェックは必須。間違いがあれば、やっぱり、席を外して確認に行ってしまうので大渋滞。量り売りはフェアなシステムだとは思いますが、ちょっぴり面倒が付きものですね。ちなみに、これがディスカウントストアだと事情が少し違います。薄利多売のビジネスモデルで、野菜も果物も袋（カゴ）単位で販売しているので、シンプルです。

Check!

ジャガイモとジャガイモ料理

festkochend　固め
mehlig　粉っぽい
die Bratkartoffeln　ジャーマンポテト
der Auflauf　グラタン
das Kartoffelnpüree　マッシュポテト

◆ Fleisch und Wurst　肉・ソーセージ・ハム ◆

店舗にもよりますが、大きめのスーパーマーケットでは、パック詰めされたお肉やハムとは別に量り売りで買うこともできます。少し割高にはなりますが、一人暮らしで色々な種類を食べたい場合には是非おすすめしたいです。

注文するときは、Ich hätte gern（〜がほしいです）で始め、［分量 ＋ 食材の名前, bitte.］と続ければOK。分量の表現はいくつかあります。せっかくですから、ご紹介しましょう。

- 数を使って注文する方法

Ich hätte gern ein Würstchen, bitte.

Ich hätte gern zwei Entenkeulen, bitte.

- グラムで注文する方法

Ich hätte gern 100g［einhundert Gramm］Salami, bitte.

Ich hätte gern 200g［zweihundert Gramm］Gouda Käse.

Ich hätte gern ein Pfund Hackfleisch.

Ich hätte gern ein Kilo Rinderfilet.

ein Pfundは500gのことを指しています。もちろん、fünfhundert Grammと言っても通じますが、Pfundの方がよく使われます。

次に、スライスできるものに限られますが、枚数を指定して注文することもできます。

Ich hätte gern eine Scheibe Kochschinken, bitte.

Ich hätte gern vier Scheiben Lyoner Wurst, bitte.

また、すでにスライスされた状態でフィルムシートに並べてあるものを丸ごと欲しい場合は

Ich hätte gern eine Lage von Serrano-Schinken, bitte.

薄くスライスすることが多い生ハムはこの頼み方もよくします。

そして、ちょっと上級者向けにはなりますが、長さで注文することもあります。それも、cmを使うのではなく、指の幅（笑）。かなりアバウトですが、そこはご愛嬌。レバーペーストなどで使うことが多いと思います。

Ich hätte gern ungefähr zwei fingerbreit von der groben Leberwurst, bitte.

Ich hätte gern so... einen daumenbreit von der Teewurst.

最後に……量り売りだと包装がとても簡易になります。ワックスペーパーにくるくるっと包んだだけのものを渡されても、それが普通なので驚かないように……！

驚くといえば、卵のパックが日本とドイツでは全然違う

ので、扱い方に慣れるまで時間がかかりました。ドイツでは、紙でできたパルパックが一般的です。そして、手に取ったらまずは蓋を開けて、卵にひびが入っていないか、割れていないかなど中身確認が必須。購入してしまった後に気が付いても交換してもらえないので要注意です。日本では透明のパックに入っているから一目瞭然ですよね。しかも、そもそも割れている卵を日本ではまだ見たことがありません。また、パルパック自体は何回も使いまわすくらい丈夫なので、ドイツでは卵を買い物袋の底に入れるのがセオリーなのですが、同じことを日本でやったら……はい、見事にいくつか割れてしまいました、とほほ。いや、自転車のカゴに入れたのがよくなかったのかもしれません。いずれにせよ、未だにどのタイミングで卵を詰めるのがベストなのか、いまいち摑めていません。

Check!

肉、加工肉、卵1

das Fleisch　肉
das Wurst　ソーセージ
die Entenkeule　鴨のモモ肉
die/der Salami　サラミ
der Gouda　ゴーダチーズ
das Hackfleisch　ひき肉
das Rinderfilet　牛フィレ肉
der Schinken　ハム

Check!

肉、加工肉、卵2

das Leberwurst　レバーペースト
die Scheibe　スライス、薄片、
die Lage　層、重ね、シート
der Finger　指
die Daumen　（手の）親指
das Pfund　500グラム
das Eier　卵

◆ Getränke　飲み物 ◆

「ドイツでは水よりビールの方が安いらしい」まことしやかに言われていますが、あながち間違っていないことは確かです。レストランではお水とビールは同価格帯。スーパーマーケットでもブランドミネラルウォーターにはビールより高い商品もあります。しかし、日本から来た人は値段よりもビールの種類の豊富さに圧倒されることの方が多いようです。それも同じメーカーが複数のフレーバーを横展開しているのではなく、ドイツ全国に散らばる様々なブルワリーの商品が多数置いてあるので、毎日違うものを飲んだとしても1ヵ月以上かかるかもしれません。強いて比べるなら、日本のお茶やジュースの豊富さと同じくらいでしょうか。ドイツの友人たちが日本に来ると、自動販売機ですら迷うほど多くのソフトドリンクの中から選ぶことが

できて、コンビニはさらにそれの何倍も取り扱っていることに驚きます。正に“Qual der Wahl”ですね。「選択の自由に伴う選択の苦しみ」、という意味でよく使うフレーズなので、是非使ってみてくださいね。

ところで、ドイツで紙パック以外の容器（ペットボトルやガラス瓶）に入った飲み物を買うと必ずPfand（デポジット）が別途かかります。デポジット付き容器のことをPfandflaschenといい、その値段はペットボトルだと一本につき25セント程度です。買い出しにいくときは、空の容器を持ってスーパーマーケットに設置されている回収機に入れ、引換券をプリントアウトします。それをレジで見せるとその分の金額を差し引いてくれるという仕組みです。デポジットを子どものお小遣いにする家庭も多いみたいですよ。デポジット制度が導入されたばかりの頃は、買ったお店に返却しないといけなかったのですが、今はドイツ国内であればどこでも回収してもらえるのでかなり便利になりました。

ドイツはコーヒーをたくさん消費する国としてもよく知られていますが、実は売り場面積を見てみるとハーブティーコーナーの方が圧倒的に充実しています。消費量はコーヒーの3分の1程度であるにもかかわらず、です。コーヒーは嗜好品であるのに対して、ハーブティーは漢方薬のような役割を果たしているからではないかと想像しています。その中でもカモミールティーは万能で、風邪を引いたら必ずカモミールティー。胃が痛いときも、よく眠れないときも、肌荒れしてるときも、とりあえず調子が悪いときはコーヒーをお休みして、カモミールティーに切り替えます。そういう意味では、コーヒーよりも人々の生活に寄り添っているといえるのかもしれませんね。

Check!

飲み物

die Pfandflasche　デポジット付き容器
das Bier　ビール
der Fruchtsaft　フルーツジュース
der Kräutertee　ハーブティー

◆ Kasse　レジ ◆

さぁ、お買い物もいよいよ残すところお会計のみ。ここまでスーパーマーケット事情におけるドイツと日本の違いについて色々書いてきましたが、いちばんカルチャーショックを感じるのがレジといっても過言ではないかもしれません。

今でこそ、マイバッグが普及して、自分で袋詰めするのが当たり前になりつつありますが、日本のレジはホスピタリティーに満ち溢れているなあと感じます。大きな店舗だとレジを打つ人と袋に詰める人がそれぞれいることにも驚きましたし、お箸やお醬油を忘れないようにリマインドしてくれたり、商品の値段を読み上げながらレジ打ちするなど、テンポもゆったりですよね。

ドイツはというと、レジユニットはベルトコンベア式で比較的大きく、店員さんは座ってスタンバイしています。そして、お客が買うものをベルトの上に載せるとそれはもう凄まじいスピードでスキャンしていきます。どんどんキャッチしてマイバッグに入れるだけでもかなり大変。ですので、私はベルトに載せる順番にとてもこだわります。例えば、卵はマイバッグの底に入れるので先に載せます。トマト缶や牛乳は重たいので序盤。その次に冷凍食品やお肉類。ハムやチーズなど薄いパッケージのものや、スパゲッティーなど細長いものは隙間に差し込むので中盤以降、バラ売りの野菜や果物はつぶれると傷みやすいので終盤に。それから生クリームもフィルムに穴が開きやすいので目に付くところにそっと置いて、いちばん最後はマイバッグに入らない、手持ちするトイレットペーパーやジャガイモ（一袋2キロ）など。傾向としては、価格が安いお店であればあるほどレジ打ちのスピードが速く、中でもALDIの店員さんは群を抜いて速いと言われています。少しお高めのお店だと、キャッチし損ねた商品が流れ着く場所にパーテーションがついていて、次のお客さんが買ったものと混ざらないようになっています。自分のペースで買い物すればよいのですが、なにせ接客がぶっきらぼうなので、急かされているような気持ちになってしまうというのもよく分かります。

しかし、これらのお作法を差し置いても何より大事なのが挨拶。店員さんたちはあまり愛想がよくないかもしれませんが、挨拶をしないのは論外なのです。自分の番が回ってきたときに、一言、Halloと言うか言わないかを店員さんたちは実はとても気にしています。お会計が終わったら、Tschüs!やSchönen Tag noch!など、別れの挨拶を言い合うのもマナーなので、スピーディーな接客についていけなくて、ちょっともたもたしてしまったとしても、挨拶だけはお忘れなく！　常連になると天気の話などちょっとした会話を交わしたりすることもありますし、きっと、いい空気が流れ始めますよ！

ベルリン・アニマルライフ

◆ 動物と自然環境 ◆

ドイツでは、コンパニオンアニマルが社会の一員として生活しています。例えば、公共の交通機関には犬用チケット[※1]があるくらいで、電車に乗っていると、飼い主にぴったりと寄り添ってマナーも完璧な乗客犬は珍しくありません。よくある日常の一コマです。

また、いかに犬たちが家の外でも社会の一部として受け止められているかを如実に表していると私が感じるのが「犬目線の標識看板」です。もちろん、犬は文字を習わないので飼い主に対してのアナウンスではあるのですが、犬を主語にして書かれています。例えば、食材を扱うお店の入口には“Wir müssen draußen bleiben（私たちは外で待っていなくてはなりません）”と書かれた犬のイラスト付き看板がかかっていることがよくあります。四つ足歩行の当事者にどれくらい伝わっているかは分かりませんが、このような看板は、人々が彼らを人間の所有物ではなくパートナーであると考えていることの表れなのではないでしょうか。十分なトレーニングを受けていることが大前提にはなりますが、いつでもどこでも、一部の例外を除いて行動を共にするのが当たり前という感覚なのです。

犬に対してだけではなく、一部の州では人間も犬を飼うためには研修を受け、ライセンスを取得しなくてはならないなど、動物福祉先進国と言われるだけあって、人と動物ができるだけ快適に共存するためのルールが数多くあります。その他に、1頭毎に年間1万円ほどかかる「犬税(Hundesteuer)」の支払いが義務付けられていることはご存知の方も多いと思います。これは、飼い主としての責任の自覚を促すだけでなく、衝動買い／飼いや過度な繁殖を防ぐ役割もあるとされています。

日本にはペットショップがたくさんありますが、ドイツ国内には(子)犬の生体販売を行っているペットショップ[※2]が一軒しかありません。動物愛護の精神から店頭生体販売に対して人々が強い抵抗感を持っていることも理由のひとつではあるのですが、従来の動物保護法に加え、2001年に定められた犬保護条例に則った厳しい飼育条件を守るとペットショップ経営は採算が合わない、という経済的な事情も少なからずあると思います。ということで、特定の犬種を希望する人はブリーダーから、特にこだわらないのであれば、全国に1300ほどあるTierheim（ティアハイム、動物の家）と呼ばれるアニマルシェルターから迎え入れることが多いです。ただ、ブリーダーから買うにせよ保護犬を引き取るにせよ、審査が厳しく、手続きもそれなりに煩雑なので、近年では東欧諸国から密輸される激安違法子犬マーケットが乱立し、問題になっています。

◆ ベルリンはアニマルフレンドリーな都市 ◆

ドッグフレンドリーな街をインターネットで検索すると、実に多くの旅行ポータルサイトで「Urlaub mit Hund: Die 10 hundefreundlichsten Länder (Städte) der Welt（愛犬と旅：ドッグフレンドリーな国［街］10選）」などと銘打った特集記事が組まれています。スコアの付け方はサイトによって違うので一概には言えませんが、都会にしてはベルリンもかなり健闘しているようです。確かに、ほとんどのカフェやレストランに犬を同伴できるし、ドッグランを始め、思い切り走り回れる広い公園もたくさんあります。ベルリンっ子に飼われる犬は、なかなか幸せな犬生を送れそう!?

◆ 自然豊かなベルリン ◆

犬だけではなく、人間にとっても豊かな自然環境は生活の質に大きく影響します。実は、欧州の中でも屈指の大都市・ベルリン[※3]の約40%が緑地だとご存知でしたか？　一人当たりの緑地面積は東京の2.5倍ともいわれています。

ベルリンは野生の動物にとっても暮らしやすい街のようです。どんな動物がいると思いますか？　日本で暮らしてみて、いちばん違うなあと感じるのは、鳥のさえずりです。

例えば、春先から初夏にかけてのAmsel（ブラックバード）の心地よい歌声が東京では聞こえないのは少し寂しく思います。日本でいうと春先のウグイスのような存在とでもいえばよいのでしょうか。それから、ドイツならどこにでもいるとても身近な野生動物のひとつ、Hase（ウサギ）。夕暮れ頃、茂みに小さな白い影がちらっと見えたら、それが野ウサギたちのお尻なのですが、東京で全く出会わないのは意外でした。気候も温暖で、棲息しやすそうなのに……。

ちなみに、ドイツの人は総じて動物への関心が高く、生態についても詳しい人が多いらしいです。らしい、と書いたのは、ドイツで生まれ育った私にとっては普通のことなのであまりピンと来ないから。でも、母にはそう映るようです。彼女の職場でお昼休みになると庭先にやってくる野鳥の話がしょっちゅう出ると聞いても、私は何の疑問も感じないので、もしかしたら、国民性なのかもしれません。

さて、話を戻しましょう。ベルリンの北東部に位置するリヒテンベルク区が公表している資料[※4]によると、ベルリンには53種類の野生動物と180種類の野鳥が確認されています。その中でも人と生息圏が近く、適切な距離を保ちながらの共生が課題となっているのがビーバー、アライグマ、イタチ、キツネ、そしてイノシシです。通称「BIG5」。こうして見ると都市部が直面している問題は日本もドイツもそう変わらないようにも見えますね。

◆ Fuchs　キツネ ◆

夜、自転車で大通りを走っていると、ふさふさとしたキツネの鮮やかな赤茶色の尻尾が一瞬視界に入ることもベルリンでは珍しくありません。特に近年、キツネの都市進出が顕著で、もはや森の中よりも街中で見かけることの方が多いのではないかともいわれています。自然界ではアナグマなどが使っていた空の巣穴を住処《すみか》にしますが、都市に順応したキツネたちは、民家の軒下やテラスのウッドデッキの下、ときに工事現場でも暮らしてしまうというのだから驚きです。

その背景には、キツネに適した自然環境の減少により、食物連鎖のバランスが乱れてしまったことがあります。主に食べ物が目的で都市部にやってきたわけですが、さらに意外なメリットがあることをキツネたちは学習したのです。それは、襲われる心配がほとんどないということ。街の中で暮らすうえでは、キツネにとってのいちばんの脅威は犬になるので、安全な住処の条件は犬が近寄らないことになります。犬を飼っていない家ならよその犬が侵入してくる可能性は低いですし、工事現場には当然人間しかいません。そうして街の中心部にも棲息するようになったというわけです。

自然界の巣材とは材質も質感もおよそ違うのにもかかわ

らず、うまく利用してしまうだなんてたくましいですよね。人間ならÜberlebenskünstler（生き残りの名人）と呼ばれているかもしれません。そういう意味では、雨戸の戸袋など「まさか」と思うような隙間に巣を作ってしまう日本のツバメとも、似たものを感じますね。……ちなみに、ベルリンでFüchseといえば、プロハンドボールのクラブチームFüchse Berlinを指すことも！

◆ Hirsche und Eichhörnchen　シカとリス ◆

人の生活圏は車の往来も多く、野生動物との遭遇は避けられません。私が通っていた教習所では「とにかくシカだけは見つけた瞬間ブレーキを踏みなさい」と呪文のように習いました。シカには夜道で突然、車のヘッドライトに照らされると急激な光に対応しきれず、その場に立ちつくしてしまうという習性があるからです。雄の成体ともなれば体も大きくツノもあるので、衝突してしまうと、シカ側はもちろん、人間側のダメージも大きいのだそうです。その他の動物に関しては、避けてくれる可能性が高いからあまり気にしなくてよいとのことなのですが……

“flink wie ein Eichhörnchen”とすばしっこい子どものことを形容するくらい、俊敏な動きが特徴であるはずのリスたちも、冬支度中だけは交通事故に遭いやすいようです。秋に集めた木の実を頬袋に詰め込み、一生懸命あちこちに穴を掘っては隠す、いわゆる「貯食」の習性があるリスたちですが、木の実をたくさん集めて隠すことで頭がいっぱいになると注意が散漫になってしまうのかもしれません。そこで作られたのが、通りの両脇に生えている街路樹をロープで結んだシンプルな「Eichhörnchenbrücke（リスの橋）」です。日本にも帯広にあるエゾリスの橋を始め、アニマルパスウェイが全国にいくつかあるようですね。貯食を忘れてしまうことで、埋められた木の実が芽吹き、生態系維持に一役買っているリスたちの安全を担保するのは、まわりまわって私たちにもやさしい活動です。

◆ Berliner Hummer　ベルリナー・ロブスター ◆

実は水の都でもあるベルリン。全体の6.6%が水域で、合わせて600以上の橋がかかっています[※5]。水辺空間にはカモ、オシドリ、カワウ、アオサギ、カモメ、カワセミ、白鳥などなど日本でも馴染みのある種が数多く棲息しています。人にも慣れていて、幼い頃、白鳥や黒鳥によく指を噛まれていたのですが、白鳥の歯って固くて痛いんですよね……。でも、アメリカザリガニのハサミに挟まれるほどではないかも、しれません。ザリガニは、ここ数年すごい勢いで繁殖しているベルリンのニューフェイスなのです。しかし、外来種である彼らは、日本でも問題になっているように在来種の捕食やザリガニカビ病の媒介など、水辺生態系では壊滅的な影響を引き起こすことが分かっています。そこで、その問題を食べて解決しよう！という動きが起こり、呼び名もいつの間にか変わりました。今ではザリガニは、roter amerikanischer Sumpfkrebs（アメリカザリガニ）ではなく、Berliner Hummer（ベルリナー・ロブスター[※6]）の名前で親しまれています。調べてみたところ、シーフードレストランなどで普通に注文できるようなので、次回の里帰りではベルリン淡水育ちの「ロブスター料理」に挑戦してみたいと思います！

◆ 都会のビオトープ ◆

墓地が、ベルリンの中心部で最も生物の多様性に満ちた場所、つまり都会のビオトープであることは意外な事実かもしれません。古くから同じ場所に存在する施設なので伐採を免れた樹齢が高い大木も多く残っていますし、また必要以上に人の手を加えないので植物は伸び放題。行ってみるとよく分かるのですが、鮮やかな苔の緑、地面を覆い尽くしている蔦の深緑、新緑の黄緑に、針葉樹の黒っぽい緑と、見渡す限り緑。ベルリンの野生植物の半数以上を墓地で観察することができるともいわれています。警戒心の強い猛禽類は背の高い木に巣を作るので、ベルリンに棲息するヨーロッパノスリ、オオタカ、チョウゲンボウやフクロウなどにとっては、墓地は子育てにぴったりな環境です。

そして、木だけではなく茂みも多く、ハリネズミや野ウサギなどの小動物、小さい野鳥、昆虫、苔や地衣類にとってもよい条件が揃っているので、長い年月をかけて食物連鎖の輪が成立した空間、ビオトープが出来上がっています。

◆ Maus　ネズミ ◆

食物連鎖といえば、ベルリンに住んでいたとき、一度だけ家の中にネズミが出たことがあります。鉢合わせてはいないのですが、お風呂場で、なぜか石鹸を齧っていた様子。すぐ近くに飲食店もあり他においしいものはいくらでもありそうなのに……。調べてみたところ、他に選択肢がなければ壁紙ですら食べてしまうネズミにとって、オーガニック石鹸は悪くない脂質のようですよ。幸い、侵入経路をステンレスたわしで塞ぐと小さな石鹸泥棒は来なくなりましたが、それでも侵入してくる場合は、一般的に踏み板式の捕獲器などで生け捕りにすることが推奨されています。ドイツではアニマルウェルフェア（動物福祉）の観点から粘着シートの使用は禁止されています。バネ式のネズミ取りと違って捕獲器は使い回せるのでサステナブルだというのは理解できますが、それにしても生け捕りにしたネズミをどうするのか気になりますよね。私が調べたウェブサイトには「猛禽類が暮らす森に放ちましょう」と書かれていました。ということは、墓地でもよいはずですよね。ドイツの墓地文化については、トピック「Was machst du in deiner Freizeit?」でもう少し詳しくご紹介します。

◆ Henne oder Ei?　鶏が先か、卵が先か ◆

ベルリンには欧州最大のティアハイムがあり、その運営費用はほぼ民間の支援者からの寄付で賄《まかな》っています。遺贈先としてティアハイムを選ぶ人も少なくないといいます。そうした行動からもドイツの人が総じて動物に対して高い関心を持っていることが窺えますが、その意識は普段の買い物にも表れているよう。Henne oder Ei?（鶏が先か、卵が先か）は分かりませんが、とあるアンケート調査によると、オーガニック商品を選ぶ人にとって購入する大きな理由のひとつが「よりアニマルウェルフェアな商品を買いたいから」だそうです。もちろん、それだけではなく、環境配慮なども含め複合的な理由で選択しているのだと思いますが、自分にとって身近なものを大切にしたいという、ドイツらしい等身大の回答といえるのではないでしょうか？

最後に動物繋がりで面白い表現をいくつか紹介したいと思います。

Bärenhunger　おなかぺこぺこ（直訳：熊のようにお腹が空いていること）

Nachteule　宵っ張り（直訳：夜フクロウ）

Schwein gehabt　ラッキー（直訳：豚を得た）

alter Hase/Hirsch　ベテラン（直訳：年寄りウサギ／シカ）

meine Maus　うちのかわいい子（直訳：私のネズミ　性別問わずパートナーや子どもに使ったり、自分が飼っている犬や猫に使うことも）

einen Kater haben　二日酔いである（直訳：雄ネコが体の中にいる）

Naschkatze　つまみ食いをする人・甘いものをよく食べる人（直訳：もぐもぐネコ）

kalter Hund　ビスケットとチョコレートを交互に重ねたケーキ（直訳：冷たい犬）

Rehrücken　チョコレートとアーモンドを使った伝統菓子（直訳：鹿の背中）

最後に、tierischという単語。Tier（動物）の形容詞で、「動物性の・動物的な」という意味なんですが、スラングでは「とても」「ものすごく」になります。日常的にもよく使いますが、特に子ども向けコンテンツに多く登場します。

Check!

ベルリンに棲息する野生動物

die Ente　カモ

der Graureiher　アオサギ

der Kormoran　カワウ

der Marder　イタチ

der Mäusebussard　ヨーロッパノスリ

die Möve　カモメ

die Nebelkrähe　ハシボソガラス

der Neuntöt　セアカモズ

die Nutria　ヌートリア

das Rotkehlchen　コマドリ

der Specht　キツツキ

der Turmfalken　チョウゲンボウ

der Waldkauz　モリフクロウ

der Waschbär　アライグマ

das Wildschwein　イノシシ

※1：料金は子ども料金と同じくらい。小型犬に関しては乗車券不要。中型犬以上は一頭につき乗車券が一枚必要である。なお、ベルリンでは、定期券に犬の同伴チケットも含まれるなど、人間と犬が一緒に行動することが前提として考えられている。

※2：ギネスブックにも載っている世界最大のペットショップZoohandel Zajacは、2012年から子犬の生体販売を開始。業界の不文律を破ったとして物議を醸した。

※3：ベルリンの面積は891㎢。東京23区と千葉市を足したくらい。

※4：https://www.berlin.de/ba-lichtenberg/auf-einen-blick/freizeit/gruen/artikel.280108.php

※5：https://www.berlin.de/sen/uvk/umwelt/wasser-und-geologie/oberflaechengewaesser/

※6：https://www.deutschlandfunk.de/rote-sumpfkrebse-berliner-hummer-als-delikatesse-100.html

Was machst du in deiner Freizeit?

◆ 余暇 ◆

「自由な時間には何をしているの？」――ドイツで生活しているとよくされる質問のひとつなのですが、考えるほどに意外と奥の深い問い。趣味とも、休日の過ごし方ともニュアンスが少し違います。というのも、Freizeitは直訳すると「自由な時間」という意味で、週末や休日だけではなく、仕事や学校へ行く前の朝の時間や、帰ってきて寝るまでの時間も含まれます。仕事や勉学、家事、生活をする上でやらざるを得ないことなどから解放され、何にも縛られずに使える自己充足的な時間。ビジネスでは可処分時間という表現をよく耳にしますが、ここでは「余暇」と表現することにします。

ということで、余暇の過ごし方。ベルリンに住んでいると多くの魅力的な選択肢があります。数えきれないほどの商業施設に博物館・美術館などの文化施設、観劇などのエンタメ、スポーツ観戦、ナイトライフ……足りないものはないといえるでしょう。しかし、充実した都市生活を謳歌しつつも、お金を使わずに楽しむのが上手なのもベルリナー。例えば「近所の公園で昼寝をしたり、読書をして一日過ごす」はみんなが大好きな夏の定番アクティヴィティー（？）ですし、「何もしないをする」も立派な余暇の過ごし方なのです。もちろん、人によって違いはありますが、「家でのんびり過ごす」「緑がある場所へ行く」「趣味（スポーツなど）」「社会活動（ボランティアなど）」の4つにおおむね分類できると思います。

◆ 大親友とgemütlichな朝食を ◆

長い冬の間、家で過ごす時間が必然的に長くなることもあってか、どんなに狭くても、シェアハウスの一室であっても、ドイツの人たちは自分にとってgemütlich（心地よい）な空間を作ることをとても大切にします。ときには壁の色を塗り替えたり、自分で家具をDIYしたり、手間を惜しまず、それが結果的に余暇を家で過ごすことに繋がっているのかもしれません。家が好きだからこそ、のんびりテレビを見たり、庭仕事をするだけでもリフレッシュになるのだと思います。

また、おうちが大好きなドイツらしい習慣に「友人を朝食に招く」というものがあります。その後の一日を有効に使えること、そして、準備が楽だからという合理的な理由が主なのではないかと推測しています。昼食だと温かいものを調理しなくてはならないので準備が大変ですが、朝食なら、いつも自分が食べているパン、チーズ、ハム、ジャム、チョコレートスプレッド、あとはコーヒーさえあれば成立します。それにクロワッサンとオレンジジュースが加われば最高！　親しい友人なら近くのベーカリーで焼きたてのおいしいパンを買ってきてくれることでしょう。むしろ、具体的にリクエストしてしまうかも。私はMehrkorn-brötchenと呼ばれる穀物入りパンが好きなのですが、人によってプレーンなBrötchenが好みだったりします。日本人にも白米派と雑穀米派がいるのとちょっと似ていますよね。

と、そんな感じで「招待する」といっても「おもてなし」という程のものではないことがほとんどです。考えてみると、夏になると毎週誘われるバーベーキューも準備がシンプルですし、ホームパーティーはそもそも持ち寄り式が多いので、食事の用意という点ではホストの負担を最小限に抑え、何を食べるかではなく、誰と食べるかを優先しているともいえるのかもしれませんね。手土産に持っていくものとしてはワインなどのドリンクはいくらあっても困らないので喜ばれますし、季節の野菜を使ったグリーンサラダや、自家製のケーキなどもおすすめです。

◆ Mein Kiez　私の「キーツ」◆

長い冬から解放されるやいなや、春先のまだ肌寒い時期だというのにベランダで朝ごはんを食べるなど、みんな少しでも外で過ごそうとします。待ちに待った夏になると余暇のほとんどを家の外で過ごす人が本当に多いんですよ。外といっても、大自然の中に出かけるというよりも、家の外がセカンドリビングになるような感覚でしょうか。暑い日なら少し遠出をして湖や川へ泳ぎに行き、家にいても庭やベランダで眠たくなるまで夏の空気を感じるのです。また、近くの公園でやっているフリーマーケットにふらりと立ち寄ってみたり、その横でアイスを食べたり、ピクニックしたりなど、自分のKiez（キーツ）の中で過ごすことを好みます。

「キーツ」というのはベルリン独特の概念で、シンボル的な広場や通りを中心とした区域のことを指しています。とはいっても、行政上の区分とはあまり関係がなく、範囲もまちまちで、はっきりとした境界線があるわけではなく、強いていうなら、日本の商店街や団地、あるいは昔の長屋文化と似ているかもしれません。ベルリンの街を歩いてみると分かるのですが、なんとなく、ここがひとつのキーツなんだなあと感じさせる空気のようなものがあるんです。それぞれのキーツには、カフェ、クナイペ（行きつけの飲み屋さん）、パン屋さん、キオスク、書店など日常生活に必要なインフラが揃っていて、近隣の住民たちはゆるやかに繋がりながらコミュニティーを形成しています。ドイツ語では行きつけのお店に「私の」と付けて話すことがよくあるのですが、そういうところにも共同体意識が出ていると思います。例えば、行きつけのパン屋さんなら“mein” Bäcker（「私の」パン屋さん）。ベルリンの人はお気に入りの場所がたくさんある“mein” Kiezを愛してやまないのです。

ところで、そんな愛すべきキーツの好きなところを尋ねると「近くの公園」と答える人が意外と多かったりします。それくらい、公園と生活は切っても切り離せない関係にあり、キーツはベルリナーだけでなくドイツ人にとって大切な存在です。

◆ 公園 ◆

公園と聞くと遊具が置いてある子どもの遊び場を想像するかもしれませんが、そのタイプの公園はSpielplatzと呼ばれ、ここで扱う公園であるParkやGartenには年間を通して老若男女問わず多くの人が訪れます。散歩はもちろん、ランニングをしたり、読みかけの小説を3ページだけ読んで昼寝するなど、特に目的を持たずに行ける場所です。暖かくなってくると、ピクニックをする人も増えてきます。といっても、そんなに気合いの入ったものではなく、持ち物は敷物代わりのバスタオル、いつも飲んでいる炭酸水のボトル、それとタッパーにつめた切っただけの野菜や果物で充分。夏になると公園は、まるでビーチでバカンスを楽しんでいるかのように、サマーチューンを聴きながら広げたバスタオルの上で水着姿になってくつろぐ人で賑わいます。ご覧になったことがある方は分かると思うのですが、公園に人々が大集合して思い思いにくつろぐ様子はもはや、夏の風物詩といえるかもしれませんね。近くの公園ならキーツの友達と約束をしていなくても偶然会えることもあるし、一人で日光浴を楽しむ人同士で意気投合すれば、近くに住む新しい友達ができます。犬友達もみつかるでしょう。公園は、そんな社交の場所でもあるのです。

私自身は生まれ育ったデュッセルドルフとなんとなく雰囲気が似ている気がして、ベルリン西部のシェーネベルクというちょっと落ち着きのある区に長らく住んでいました。ですが、友達の多くは活気のある東側に住んでいたので、週末は東側のいくつかの公園で開かれるフリーマーケットをはしごしながら、何を探すでもなく見て回ることも多かったです。

Mauerpark（マウアーパーク）のフリーマーケットが規模的にはいちばん大きかったのですが、なんといちばんの名物はカラオケ大会。ちょっとした野外劇場のようなスペースがあり、そこには音響設備を搭載した自転車が一台。そこでエントリーした人のパフォーマンスを楽しみます。といっても、歌の上手い人が歌声を披露するために出てくるというわけではなく、ノリで場を沸かせてしまう天性のパフォーマーもいれば、自分の殻を破りたい人もいて、主催者の言葉を借りるなら「Hier kann jeder seine “innere Rampensau” rauslassen.（ここでは誰もがスターになりたい願望を叶えられる）」空間です。今となっては、あの舞台に一度くらい立っておけばよかったなと思ってしまいます。

◆ 墓地の未来は…… ◆

日本の価値観では考えにくいかもしれませんが、ドイツにおいては、墓地も、都市生活圏の中にある一般に解放された緑豊かな公園に準ずる場所として認識されています。もちろん、第一には故人を埋葬し、残されたものが思いを馳せるための施設として機能していますが、それだけに留まらず、墓地は、人々にとって日々の散歩道であり、内省や自己回復のための空間でもあり、時代と共に変化する多様な文化表現を内包しています。時代の流れと共に変化し、人々の生活に寄り添い続けていることに普遍的な価値があるとして、2020年、ドイツの墓地文化はユネスコの無形文化遺産に登録されました。

今まさに墓地の在り方が大きく変わっているのです。伝統的なキリスト教の埋葬は土葬ですが、今や7～8割の人が火葬を希望するので、土葬を選ぶ人は減り続けています。ドイツのお墓は遺体が土に還るのにかかる年数を逆算して20～30年の賃貸契約が一般的なのですが、遺族が契約を更新しなければ、そのスペースは「空室」となり、お墓が余ってしまいます。ベルリンにはもう何十年も、誰も埋葬されていない墓地が少なからずあり、教会などの運営者からすれば、このままでは管理コストばかりがかさむので、土地（の一部）を手放し始めています。そして、「ベルリン・アニマルライフ」で触れたように、豊かな自然環境を持ち合わせた土地を使って地元の人を繋げるコミュニティーを作りたいと思う人達が出会う……。

生まれ変わった墓地の事例を2つ、そして、墓地ではないのですが、とあるものが公園としてリニューアルオープンした人気スポットを紹介したいと思います。

1 Prinzessinnengarten

「プリンツェシネンガルテン」は、ノイケルン地区ヘルマンシュトラーセ駅から歩いてすぐのところにあるアーバンファーミングです。元々は荒廃した墓地だったそうですが、今や連日多くの近隣住民が訪れる人気スポットに！ Kleingarten（賃貸家庭農園）とは違い、自分の区画が決まっているわけではなく、いつでも好きなときに立ち寄ってその場に居合わせた人と一緒に農作業に参加できるシステムであるところがいちばんの特徴です。誰でも無料で農園を利用することができ、その日に収穫した農作物は持ち帰りも可能です。その他、売店やカフェ、野外ワークショップスペースなどもあります。サステナブルな活動をしている人やアーティストの表現の場としても使われているようです。

2 Leise-Park

2011年、パンコウ区プレンツラウアーベルクに誕生した公園。当初はベルリン市内の住宅不足を解消するためにマンションの建設などが提案されましたが、近隣の住民による猛反発を受け、子どもたちのための公園を作ることが決まりました。条例に基づき、近隣の小学生が主体となってフィールドワークショップなどを通してプロジェクトに参画し、元々の墓地の自然環境を残したいという彼らの強い希望を取り入れながら設計されたのも大きな特徴です。

Leise-Parkという名前は、プロジェクトに参加した子どもたちが呼び始めたことに由来します。leiseは静かにという意味。この公園には、遺族の意向により幼くして亡くなった子どもたちのお墓がそのまま残してあるので、その近くでは静かに過ごそうね、と子どもたちが自分たちで決め、それを他の人にもすぐ分かってもらえるようにという願いも込められているのだそうです（トピック「子どもたちが作ったLeise-Park」でもう少し詳しく紹介しています）。

3 Tempelhofer Feld

テンペルホーフ空港公園。その名前の通り、2008年まで空港だった場所です。とても数奇な運命を辿ったこの空港は、ベルリンに現存する数少ないナチス建造物で、一時は世界最大の空港としても知られていました。2006年、私が大学に進学した頃はちょうど空港の閉港を巡る議論が至る所で盛んになされていた時期で、その後は広大な空港跡地の活用案を巡っても大々的な署名運動が繰り広げられていました。経済効果を期待する行政は商業施設の建設や企業への売却などの案を提示したのですが、市民は大反対。2014年にいよいよ空港跡地の活用方法を問う市民投票が行われた結果、開発計画は白紙に戻り、現在に至ります。どちらかというと、ベルリナーは商業的な匂いのするものをあまり好まない傾向にあるのですが、この場所にだけはみんな強い思い入れがあり、ベルリンの財産として残しておきたかったのだと思います。

テンペルホーフ空港は、冷戦時代、ソ連によってベルリンが封鎖された後、およそ1年にわたり「空の架け橋」をかけ、220万人の西ベルリン市民のために食料や燃料などの必要物資を届け続けた伝説的な舞台なのです。当時は飛行機が数分おきに着陸していたのだとか。前代未聞の空輸作戦に感謝の意を表し、Platz der Luftbrücke（空の架け橋広場）と名付けられた場所がテンペルホーフ空港公園のすぐ隣にあります。

現在、公園は市民の憩いの場として、日光浴やサイクリング、バーベキューからスポーツまで、思い思いに使われています。その広さはなんと380ha !!　一周すると6.2kmなので、一周5kmの皇居よりもひと回り大きいくらいの広さです。滑走路もそのまま残してあり、ローラースケートやサイクリングにも最適。視界が広く車も入って来ないので、子どもたちも安心して走り回ることができます。

さらに敷地の一角には、社団法人Gemeinschaftsgarten Allmende-Kontor e.V. が運営するシェアガーデンがあります。ここでは500人程の会員が、各2平米程度の大きさの花壇で作物を育てたり、ガーデンチェアを置いて家族とくつろいだりするなど自由に空間を使っています。都会にいながらにして自然を感じられるだけでなく、社会的な繋がりも持てる場所として人気があり、入会希望のウェイティングリストはとっても長いそうですよ。

ナチス時代に建てられた空港がベルリナーにとって記念すべき大切な場所になったのはなんとも皮肉ですが、自分たちの住む街を自らが作り、維持していくことを大事にしている象徴的な場所のひとつです。

◆ 結局、余暇ってなんだ？ ◆

日本には、季節の花を眺めたり、旬のものを食べるなど、移ろいを楽しむ文化がありますよね。おいしいものへの貪欲さや、話題のものに触れてみようという好奇心とフットワークの軽さが魅力的だと思います。また、人々は「多くの人が経験しているものを自分も知っていること」に価値を見出していますよね。正直なところ、日本で暮らし始めたばかりの頃は、人出が多い場所にわざわざ出かけることや、行列に並んでまで体験することに疑問を感じていました。取り残されるのが怖いだけなのではないか？主体性がなさすぎるのでは？とすら思っていたのですが、どうも、そういうことではない気がします。もちろん、文化的に共通体験がより重んじられる傾向はありますが、きれいだなあ……おいしいなあ……など、心が動く体験を余暇に求めているのではないでしょうか。だからこそ、浮雲のように微細な心の動きを短い文で書き留める俳句のような文化が広まっていったのではないか。そう思うようになってからは、並ぶことも楽しめるようになりました。

一方ドイツでは、ひとつひとつの余暇活動がどちらかというと内向的で、リラックスできることや、無心になれることをしながら自分をリセットすることが大切にされているようです。職場や学校といった多様な社会の中や、あるいは家庭の中で求められる役を脱ぎ捨てて、本来の自分を取り戻すことを目的としたルーティン。どちらも同じくらい必要ですし、恐らく日本でも多くの人が、無意識的にかもしれませんが、実践していますよね。ただ、日本では家でのんびり過ごすことを「生産性が低い」「だらだら過ごしてしまった」など、ネガティブにとらえている人が多いように感じます。ですが、「何もしないをする」も自己充足的で、人間には絶対に必要な余暇活動のひとつだと、ドイツと日本、それぞれの余暇の素敵さを知った今、声を大にして言いたいです。

試験直前に無礼講パーティー！

◆ 教育 ◆

ドイツの教育制度は日本と大きく違っていて、しかもかなり複雑です。さらに次から次へと押し寄せる教育改革という荒波にもまれ、ますます複雑化しています。このトピックでは、その理由や実態をできるだけ分かりやすく、私のギムナジウム時代の経験談も交えながらご紹介します。

◆ “Schule ist (oder war) Ländersache?” ◆

ドイツは16の州から構成される連邦国家であり、教育に関する基本的な権限はそれぞれの州が持っています。国が介入できるのは主に大学以上の高等教育や学術研究の一部。これは過去の反省、つまり中央集権型だったナチズムからの意識的な脱却を意味し、権力の乱用を防ぐことが目的です。また、市民の声がより届きやすいところで意思決定がなされるようにするためという狙いもあります。もちろん、各州が好き勝手に教育政策を展開するわけではなく、調整機関として各州文部大臣会議が常設されています。それでも具体的にどのようなカリキュラムに落とし込むのかはそれぞれの州で判断するので、どの地域で学校に通ったかによって学習内容が大きく変わってきます。教師の裁量権が比較的大きいのも特徴といえるでしょう。

大きな変化のきっかけとなったのは、ドイツ社会に激震が走った2000年の「PISAショック[※1]」。以降、主に中高生の学力の底上げを目指し、同時に各州の教育水準を整合させるために「教育スタンダード」を設定するなど、実質的に全国共通の教育政策が講じられるようになります。また、1999年からは個々の国を超えたヨーロッパとしての高等教育圏を形成することを目的とした「ボローニャ・プロセス[※2]」が始まり、大学においてもドイツを含む欧州諸国が足並みを揃えていくための大規模な改革が進められました。

◆ 脱階級的システム ◆

義務教育の始まりは日本と同じく6歳から。小学校にあたるGrundschule（基礎学校）へ通います。多くの州で基礎学校は4年制なので、生徒は10歳前後で、3種類の学校の中からどこに進むのか決めなくてはなりません。その3つとは、5年制のHauptschule（基幹学校。義務教育修了と同時に職業訓練を受ける生徒が多い）、6年制のRealschule（実科学校。働きながら通う職業教育学校へ進学する生徒が多い）、8年制または9年制のGymnasium（ギムナジウム。大学進学を視野に入れている生徒がほとんど）。それぞれ修了年次、取得する資格が違います。もっとも、ほとんどの場合は、本人の希望も取り入れつつ、先生や保護者が相談をしながら大人目線で判断するといった方が正しいでしょう。あえて日本のカリキュラムで例えるならば、中学受験をするかどうかを決めるプロセスと、年齢的にも似ているかもしれませんね。ただ、日本での中学受験はプラスアルファのオプションであるのに対し、ドイツの子どもたちはかならずどれかひとつを選ばなくてはなりません。これが、少し専門的な言い方をすると「三分岐型教育」と呼ばれる、ドイツの伝統的なシステムです。

図◆ドイツの学校システム

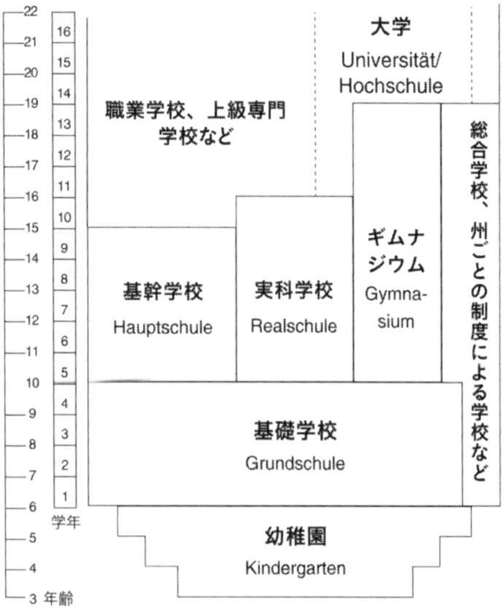

参考：文部科学省「専修学校の振興に関する検討会議（第８回）」配布資料をもとに作図

こうした複線型制度の利点は、子どもの特性に合わせて進路を決めるので合理的であるところでしょうか。シンプルにいうと、勉強が得意な人は大学を目指し、手を動かす方が得意な人は職人になった方が効率がよいという考え方が根底にあります。しかし、将来のことを見据えるには10歳は早すぎるし、決めてしまったら軌道修正も難しく、子どもの希望や可能性を摘み取ってしまっているのではないか、という批判の声が近年大きくなっています。例えば、大学で学ぶためには基本的にギムナジウムの卒業試験であるアビトゥアに合格することが条件となりますが、仮に、基幹学校を修了した生徒が大学へ行きたいと思った場合、転学をしなくてはなりません。理論上不可能ではないのですが、現実的には15歳でギムナジウム編入、ましてや卒業ともなるとかなり難しいでしょう。10歳のときにその子の周りにいた大人の評価が教育の機会を奪っているのです。

そんな背景もあり、最近は基幹学校と実科学校の両方の課程に対応した学校を設けて、進学コース（≒ギムナジウム）と就職コースに分かれた二分岐型モデルにしようとする動きや、3つの種類の学校の区分をなくしたGesamtschule（総合学校）を創設するなど、各州が中等教育における構造的な教育格差を是正しようと取り組んでいます。

大学の方も、アビトゥアはないけれど学びたい人に対して門戸を開いています。職業訓練を修了した後、適性検査に通れば関連する分野の学部への入学が許可されるのです。一定の職業経験を積んだ（職業上の）認定資格保持者に至っては、アビトゥア保持者と同等と見なされ、すべての学問への道が開かれています。統計によるとアビトゥアなしで入学して学位を取得卒業する人の数が年々増えていますし[※3]、大学で学ぶ能力があるかどうかをアビトゥアの有無だけでふるい分けるのは、もう時代に合っていないともいえるのではないでしょうか。

◆ アビトゥアまでの道のり ◆

改めて、アビトゥアについてもう少しだけ詳しく説明しておきましょう。Abitur（通称Abi）は、国内およびヨーロッパ各国の大学へ進学するための資格試験です。合格すると希望する大学の学部に願書を出すだけで入学でき、大学ごとの入試などはありません。ただし、志願者が定員を上回る学部の場合は、アビトゥアの成績と待機期間[※4]などを基準として、入学者が決定されます。また、一度合格したらスコアアップを目的とした再受験などは一切できず、不合格だった場合も翌年に一回限りしか再挑戦できないという制約があります。

高等教育へアクセスする方法が以前よりも多様になっているとはいえ、依然としてアビトゥアの社会的価値は高く、近年は「保険」としてギムナジウムへの進学を希望する生徒が増えています[※5]。取得すると、大学という選択肢はキープしつつ、職業教育学校に進むにせよ、職人になるにせよ、免除事項が増えるなど潰しが効くからです。

先述の通り、15歳（10〜11年生）でギムナジウムに編入するのは実質的に難しいのですが、その理由は、ギムナジウムに入学してからアビトゥア受験資格を得るまでの8・9年間で学年毎に履修しなくてはならない科目の数や組み合わせが厳格に決まっているところにあります。

従来の9年制ギムナジウムでは、1〜4年生をGrundschuleで過ごした後、5〜7年生をUnterstufe（下級学年）、8〜10年生をMittelstufe（中級学年）、11〜13年生をOberstufe（上級学年）と3つのステージに分けていました。上級学年になると授業のレベルが一気に上がり、アビトゥアに向けた本格的な準備がはじまります。アビトゥアの最終的なスコアは、最終学年で受けるアビトゥア試験と過去2年間の点数を、複雑な計算式を用いて合算して算出します。つまり、足掛け2年かけて取得するので、たとえ、試験本番で多少失敗してしまってもそれまでの成績も評価されるところはよいのですが、逆にいうと、試験の直前に本気を出して一発逆転！は狙えません。

2年間コンスタントに成績を積み上げていかなくてはならないので、コマ数が多く成績の比重も大きいアビトゥアの試験科目選びはとても重要です。専攻と副専攻をそれぞれ2つずつ、合計4科目。その内、3科目は筆記試験、1科目は口述試験なので、組み合わせも大事です。

ギムナジウムがまだ9年制だった頃は、上級生になった最初の1年目（11年生）は、アビトゥアに向けた準備期間として機能していました。どの先生が専攻コースを受け持つことになるのか探りを入れてみたり、仲のいい友達とどの科目を専攻するのか相談しあったり……あるいはこの時期を留学に使う生徒もいました。ドイツでは、16歳は準大人として扱われるようになり、自分の行動に責任を持つことが求められます。だからこそ、進路について悩み、自分で決断する練習をする1年間は今思い返してみると必要な時間だったと個人的には考えています。

しかし、国際的な基準に照らし合わせてみると大学進学が遅くなることも事実です（4月始まりの日本の大学と比べたら1年半も遅いことになりますね！）。そこで、世界の多くの国が採用しているように18歳前後で大学へ進学できるよう、ギムナジウムも8年制に切り替え、国際的な競争力を高めようという流れになりました。具体的に言うと、9年制でいうところの11年生のカリキュラムをスッパリと切り捨てて、上級学年を2年に短縮したのです。現在はほとんどの州で移行が済んでいるのですが、大学サイドからは新入生のほとんどが大学で学ぶ準備ができていないと評価されてしまうなど、切り替えは一筋縄ではいかない様子です。その理由として、上級学年の3年間で習得してきたことを2年で詰め込むのは、大半の生徒にとって負荷が大きすぎるからではないか、という意見が出ています。その結果、驚くべきことに、州によっては完全に9年制に戻すところもあるというのです。その他の多くの州は、ハイブリット形式で9年制と8年制両方を残すなど、ドイツの教育システムは複雑さを増しています。

◆ 外国語教育 ◆

生徒たちは、ギムナジウムを卒業するまでに2つ以上の外国語を履修していなくてはなりません。ほとんどの学校では英語が第一外国語です。5年生から始まり、上級生にもなると国語（つまりドイツ語）の授業とさほど変わらない授業内容になります。シェイクスピアの戯曲など古典作品はもちろん、ヘミングウェイやオーウェルといった定番作品や、そのとき話題になっている小説などを一冊読み切り、ディスカッションし、試験内容もそれに沿ったものになります。

7年生に上がると第二外国語を選択します。ラテン語かフランス語という学校が多いようです。私はラテン語を選びました。

現在はカトリックの総本山であるバチカン市国の公用語ではあるものの、日常的に使われることがほぼないため、

「死んだ言語」と言われるラテン語。ですが、意外なほど根強く支持されているんですよ。かつては古代ローマ人によって用いられ、ローマ帝国崩壊後の中世ヨーロッパでは貴族や知識層の共通言語としてアジアの漢文のような役割を担っていました。生物学の世界では今もなお、新種には世界共通の学名としてラテン語名をつけて公表する伝統が続いています。

とはいえ、現在世界で2番目に多くの国で使われているフランス語と、たったひとつの国でしか使われていないラテン語を選べといわれても、ピンと来ませんよね。なぜ、この2択なのでしょう。家族の誰一人ラテン語を学んでいない私が、より実用的に見えるフランス語ではなくラテン語を選んだのには、理由があります。

知り合いのラテン語経験者に聞いてみたところ、ヨーロッパ諸国の言語の仕組みを理解するのに役立つこと、フランス語を学ぶ機会はこれから先もあること、ロジカルシンキング力が培われること、そして、大学で必要に迫られて学ぶには暗記する量が膨大で専攻と並行して単位を取得するのが大変であることを教えてくれたのです。

もうひとつ、日本人家庭出身の私にとって財産となったのは、ヨーロッパの人なら当たり前のように知っている常識や教養の源に触れることができたことです。

言語学、文学、哲学、神学や史学など特定の学問を修める際にはラテン語が必修科目である場合もあるくらい、今でもアカデミアでは影響力のあるラテン語。勉強できるのはギムナジウムと大学くらいです。ギムナジウムだと5年間続けなくては修了証明書をもらえないので、悪夢のような思い出しかないという人も多いのかもしれません。

続いて9年生でやってくる第三外国語の選択。ここは学校のカラーが出やすいところで、私の出身校ではなんと日本語もありました。その他には、フランス語、スペイン語、イタリア語など、ヨーロッパの人気言語がずらりと並びます。外国語を学びたくない人向けには、プログラミングという選択肢も用意されていました。その後、上級生になると、他校の授業を受ければほぼすべての希望する言語を学べるようになります。

ちなみに、よく質問されるドイツ人の英語力についてですが、卒業する頃には、大学で論文を読めるくらいの英語力が身についているものとされています。実態が追いついているかは別にしても、ギムナジウムにおける英語教育がある程度信頼されているのは間違いありません。ただ、それはドイツ及びEU圏内でしか通用しないので、私自身も日本で暮らし始めてから、どれくらい英語が話せるのか聞かれる度に「平均的」だとか「人並み」としか答えられず(今なら分かります、困りますよね！)、英語力を数字で示した何かを提出してほしいといわれ、カルチャーショックを受けた経験があります。ドイツでは、英語圏の大学に進学することを考えている人は例外ですが、検定試験を受ける人は少数派で、仕事で試験結果を提出することを求められることも通常はありません。

◆ 試験時間は5時間超え ◆

ギムナジウムの試験は全教科記述式です。学年があがるにつれて、問題文が短くなり、紙を節約するためなのか、問題用紙も小さくなっていきます。私の記憶が定かなら、問題文が3行で、問題用紙も10センチ幅くらいの短冊になっていたこともあったような。では、答案用紙はというと、上級生（11年生）になるまでは答案を書き込むA4ノートを自分で用意して、そこに記入します。1ページを縦に分割して半分〜3分の2は自分が記入し、残りのスペースは先生の採点用に残しておきます。このシステムのよいところは答案用紙がバラバラにならないところや、先生や保護者からみても生徒の成長が分かりやすいところなのですが、生徒目線だとクラスメイトに点数がバレないという利点もありました。

上級生になると表紙のないノートの中身のような用紙（Klausurbögen）が数セット配られます。カンニング防止対策として、スタンプが押されているのですが、そのスタンプはスマイリーだったり、四葉のクローバーだったり、

「Viel Glück（幸運を祈る）」「Toi,toi,toi!（頑張って！）」と書かれたものだったり、先生の個性が光ります。足りなくなったらいくらでも補充できるのですが、その際にページ番号をふることを忘れないようにしなくてはいけません。人によっては20〜30ページくらいの「短編小説」を書き上げてしまいますから。ドイツ語では要点を得ない長話をすることをRoman erzählen（直訳すると「小説をかたる」）というのですが、Roman schreibenで無意味に長い話を書く、という意味になります。専攻科目ともなると試験時間が5時間を超えるので、先生たちには「採点するのも大変だから、答案はなるべく簡潔に。小説は書かないでね」とよく言われていました。

ちなみに試験は、黒か青のインクの万年筆かボールペンで記入することに決まっているのですが、長時間ペンを走らせるには万年筆のほうが楽だったので、個人的にはおすすめです。ただインク切れすると困ってしまうので、インクカートリッジとインク消しが必須アイテム。ボールペン派の人は修正テープ。あまりに答案用紙が汚いと減点対象になることもあるので大事なのです。

長丁場で疲れはしますが、考える時間もしっかり取れますし、その間にお弁当を食べるなど意外と余裕があり、短時間の試験よりも気は楽です。ただ、今でも忘れられないのは、解析学の大問を解くのに必死だった数学の卒業試験。行き詰まってしまったのでしょうか、ペンを走らせる音の合間に響き渡るニンジンスティックをかじる音。推定5本。あれは一体誰だったんでしょう……？

◆ ギムナジウムのリアル ◆

ここまで学校制度についてお話ししてきましたが、ギムナジウムにどんなイメージをお持ちでしょうか？　萩尾望都先生を筆頭に少女漫画で描かれている、名家の子女が集まる全寮制の学校であったり、もう少し古い作品でいうならヘルマン・ヘッセの『車輪の下』で描かれているような選び抜かれた超エリートが通う学校といったところでしょうか。制服を見ただけで一目置かれる……なんてことはありません。そもそも制服もないですし、通学制の学校が一般的です。そして、日常生活において、学校が占める割合は日本の多くの中高生よりも低いのではないかと思います。私がデュッセルドルフ日本人小学校から地元のギムナジウムに編入して驚いたことをざっと挙げると

1 授業以外の時間（ホームルームなど）が一切ない
2 転入生がクラスの前で自己紹介するタイミングがない
3 学校の授業はきっかり8時に始まる
4 学校行事がほとんどない（これは学校のカラーによ

ります！　母校はクリスマスバザーのみ）

5 部活がない（課外活動もあるにはありますが、これも学校によります）

6 誰かのものがなくなってもクラスで犯人探しをしない（自己解決させる）

7 休み時間が短い（5分と15分の休みが交互にある）

8 お昼ご飯の時間がない（家で食べる。お弁当は休み時間に食べる）

9 放課後、学校に残っている人が皆無（先生もいません）

10 先生との距離が日本の学校よりもある（行事があまりないので一緒に過ごす時間が少ない）

11 校内で生徒がタバコを吸っている（母校のウェブサイトを確認したら現在は禁止されているようです）

などがあります。あくまで学校は将来大学で勉強するのに必要な準備をするための場所であるというスタンスが貫かれています。振り返ってみても、割とドライな空間だったなぁと思います。多くの生徒は、地元のスポーツクラブやダンスチームなど趣味のサークルに所属していて、社会との接点を学校以外にも持っています。それと直接的に関係あるかは分かりませんが、恋人が同じ学校というカップルが意外と少なかったような気がします。それも

Ganztagsschule（全日制）が増えるに従って変わっていくのでしょうか？

◆ アビトゥア前は遊ぶのにも必死 ◆

学校行事が少なくドライな学校生活だったと書きましたが、アビトゥアを受ける最終学年だけはイベントが盛りだくさんです。

まず、修学旅行。最終学年が始まってすぐの10月頃に10日ほど行くのが伝統的です。行き先は専攻科目のクラス毎に決めていたのですが、一応、遊びではないので何かしらの学習目的を書いて教育委員会に提出しなくてはなりません。語学系ならその言語を話せる国や地域に行くのが自然ですよね。では、数学など理数系の科目ならどうでしょう？私の学年のとある数学クラスは、イタリアに行きたいがために「コロッセオの観客席における長径と短径の比率を計算する」と書いたという噂を聞きました。それが通ってしまうのですから、基本的には生徒が自由に選べたといっていいと思います。そして、18歳で成人するドイツでは13年生になった時点で生徒全員が成人しているので、翌朝の集合時間にさえ間に合えばお酒を飲もうが夜遊びをしようが自由。このときに先生とバーに飲みにいったり、授業以外でコミュニケーションを取ったりする機会が生まれるので、引率の先生とはそれぞれいろんな思い出があります。

そして、無礼講が許されるABI-GAGという伝統に触れないわけにはいきません。日本でいう高校の文化祭のようなものだというと分かりやすいでしょうか。日本で受験の直前にこんなことをしていたら怒られてしまいそうですが、アビトゥア直前は遊ぶことにも忙しいのです。4月下旬に行われるアビトゥア筆記試験の3週間ほど前から登校しなくなるのですが、「最後の登校日」を含め、ラストウィークは毎日お祭り騒ぎ。毎朝、残りの登校日数をアイライナーで顔に書き、コスプレをして登校します。私たちの学年は「B-Boy & B-Girl」「ヒッピー」「異性装」「民族衣装」「シークレットエージェント」の5つのテーマを決めました。最終登校日でもあるABI-GAG当日は、シークレットエージェントになりきらなくてはいけないので、チームTシャツに黒スーツ&サングラスがドレスコード。あまり結束力のある学年ではありませんでしたが、このときばかりは学校の管理人さんに協力してもらって前日からロープや風船を仕込んで至るところを封鎖したり、当日朝7時過ぎにはスーツ姿でスタンバイして、登校する先生や生徒を水鉄砲で攻撃します。毎年のことと分かってはいるものの、意地でも濡れたくない先生と逃したくない生徒の攻防戦が繰り広げられます。

そして、10時過ぎにはメガホンを片手に学校中を走り回り、スクールジャック。全学年全クラスの生徒と先生を体育館へ移動させ、最初で最後のショーを繰り広げます。ショーの演出は学年によって出来栄えが違うのですが、よくあるのは自分たちは大音量で音楽をかけ、ビールを片手に（！）踊りながら楽しみつつ、お世話になった先生たちを舞台に引っ張り出してショーに参加してもらいます。ちょっとしたクイズ番組形式で珍回答を求めてみたり、先生同士をチームに分けて輪投げなどの古典的なゲームで対決させたり……事前に知らせることはまずないのですが、生徒たちからリスペクトされている先生ほど快く引き受けてくれますし、ちょっとおどけた表情でその場を盛り上げてくれます。下級生にとってはいつも怖い先生たちの違う一面を知ることができる貴重な機会でもありました。

ショーが終わると生徒たちは授業に戻りますが、最後の登校日がそこで終わるはずがありません。今度は車を持っている生徒たちが車に「ABI 20XX」などとペイントを施して、街中を走り回るのです。街中の13年生たちが大体同じくらいの時間に行うので、もはや風物詩。その他には、学校の前でバーベキューをするなど、普段なら間違いなく許されないことがやりたい放題です。

ところで、これだけの遊びをするには多少なりとも資金が必要ですよね。実は資金集めもアビトゥア直前まで行います。このお金は、バーベキューやABI-GAGで必要な小物購入などにも使いますが、主にドレスアップして家族も参加する卒業パーティー(英語圏ではプロムといいますね)を企画するために使われます。会場費やケータリングも生徒たちが自分たちで賄うのが一般的なんですよ。資金を調達する方法はいくつかありますが、大まかに分けて2つあります。ひとつは、地元の卒業生などからのカンパ。もうひとつは、クラブを貸し切ってパーティーを企画する。私が高校生だった頃は、どこのギムナジウムもやっていた方法で、他の学年の生徒や、他校生と知り合える出会いの場にもなるので若者のニーズがうまくマッチしたビジネスだったのです。運用が上手い学年は、高級ホテルのフルコースディナーを振舞えてしまうくらい、かなりの金額を稼ぐこともあるそうです。私たちは、それほどやり手ではなかったので、庶民的なダンスホールを借りて、食事もケータリングの他に各家庭から一品ずつ持ち寄り、よくいえばアットホームな雰囲気で行いました。

◆完璧な教育制度なんてない！◆

日本とドイツを比較してみると、日本は教育の機会だけを見るなら平等なシステムです。そのため、公立の学校の平均学力も総じて高いといわれています。一方でドイツの教育はどちらかというと選別的です。そして、比較的若い(もはや幼い)時分から難しい決断をしなくてはなりません。その代わり、自立心を芽生えさせるのにそれらが役に立つともいえます。

こうしてドイツの学校制度をご紹介するにあたり、改めて自分が卒業してからの出来事や、当時何気なく受け止めていたルールなどを調べてみて、分かったことがひとつあります。それは、完璧な教育システムなんてないということ。それぞれの国がそのときどきの課題に悩みながら、さまざまな政策を行っているのです。また、教育制度を比較することで、ドイツがどんな国を目指しているのか、次世代にどんな思いを託しているのかも垣間見ることができたのではないかと思っています。

※1：経済協力機構（OECD）が3年毎に各国の15歳児を対象に行う学習到達度調査（PISA）で、ドイツがOECD平均よりも大きく下回る結果を出し、メディアでも大きく取り上げられた。単に平均点が低いことが問題なのではなく、親の社会階層が子どもの学力を決定する度合いが高いことが改めて確認され、従来の階級的学校制度そのものの改革に取り組むきっかけとなった。また伝統的には昼過ぎには下校していたのを、午後遅くまで在校時間を延ばして補習や課外活動などを行う「全日学校（Ganztagsschule）」の導入が連邦教育研究省のイニシアチブにより進められている。

※2：現在ではEU加盟国28をはるかに超える、47カ国が参加している。

※3：https://www.universityworldnews.com/post.php?story=20190410133336l9

※4：アビトゥア試験合格後に経過した期間で、この期間が長いほど入学可能性は高くなる。ただし他大学に入学すると待機期間は無効になるので、いわゆる「仮面浪人」はできない。

※5：ヘルマン・ヘッセの時代は町に一人ギムナジウムに行く人が出たら大騒ぎ。統計によるとドイツの人口は83222442人、アビトゥーア受験者が246237人（2021年）。https://www.datenportal.bmbf.de/portal/de/Tabelle-2.5.85.html によるとアビトゥーア取得割合は同年代の50％近くまで上がっている。1975年度は20％をわずかにこえる程度だ。

子どもたちが名付けた Leise-Park

◆ 民主主義 ◆

2013年、仕事で訪れたベルリンのパンコウ区プレンツラウアーベルクにあるユースセンターで、10歳くらいの小学生に「あなたにとって民主主義とは？」と尋ねたことがあります。彼女はほとんど迷うことなく「自分の意見が社会で影響力を持っていると感じられること。そして、自由であること」と答えてくれました。

まだ選挙権を持たない小学生が社会を変える？と思うかもしれません。聞いてみると、こんな出来事があったのだそうです。パンコウ区議会議員が小学校を訪問した際に、何人かの児童が学校を代表して自分の学校をよりよくするためには何が必要かを発表し、なんと、彼女たちが考えた「チャイムの音が聞こえにくい校庭に時計を設置する」案が採用されたのです。それ以降は時計があるお陰で授業に遅れて先生に怒られることもなくなったと、はにかみながら教えてくれました。大人から見たら些細なことかもしれません。しかし、民主主義において最も大切なことはスケールの大きさではなく、そのプロセスにあると私は考えています。

よりよい社会を作るには、年齢や性別などに関係なく、できるだけ多くの人が自分の考えや希望を持ち、発言できる環境が必要です。簡単なようですが、自分の意見を持てるようになるにはトレーニングを重ねていかなくてはなりません。大人でも、考えたこともない事案について突然意見を求められれば困りますよね。子どもならなおさら、どのように表現したらよいのか分からなくて当然。それを未熟だと決めつけるのではなく、子どもたちは子どもとして社会に関わっているのですから、彼らの視点から世界を眺め、彼らに通じる言語でヒアリングを行うことが必要不可欠です。そうすることで初めて彼らの考えていることが見えてきます。そのため、公園など子どもに関係がある都市開発を行う際、適切なアプローチで子どもたちが参画できるようにすることを条例で義務付けている自治体が、ドイツには数多く存在します。

◆ Leise-Parkができるまで ◆

私が小学生にインタビューしたのと同じパンコウ区プレンツラウアーベルクに2011年に誕生したLeise-Parkは、トピック「Was machst du in deiner Freizeit?」で紹介したように、墓地の跡地を子どもたちが主体となってリニューアルした素晴らしい例です。メディアの注目を集め、参画した子どもたちにも大きな変化をもたらしたこの公園の成り立ちが民主主義とどう関係するのか、もう少し詳しくお話ししたいと思います。

実際に墓地を訪れて、フィールドワークをすることから、子どもたちによる公園づくりは始まりました。参加するのは近隣の小学生たちです。まずは、墓地の中を自由に探索し、好きだなと思う場所や、絶対に残したいと思う場所などを写真に撮ってもらい、公園に生まれ変わっても変わらないでほしいと思うことをリストアップ。まだ読み書きがおぼつかない下級生は上級生に助けてもらいながら、懸命にリストを完成させます。その後、学校に戻って、フィールドワークで作成したリストを元にグループごとに設計案を描きます。出来上がった設計案をプレゼンし、最終的には全員で議論をしながらひとつの設計案を選び、翌日にはひとつの模型を作ります。すると……きっと、子どもたちは大きな滑り台のような楽しい遊具を求めるに違いない、と思い込んでいた大人たちの予想に反して、そこには墓地特有の豊かな自然環境が最大限に活かされた空間が表現されていました。子どもたちの考えと希望が込められたプロトタイプを、実際に公園を建設する建築士が持ち帰り、後日、実現可能性を考慮した上で子どもたちに修正案をプレゼンします。コストや技術的な問題など「大人の事情」も隠さずに伝えなくてはなりません。子どもたちからのGOサインが出てから、やっと大人たちにバトンタッチとなります。

私も実際に子どもたちが作成した模型の実物を見せてもらったのですが、かなり細かく作り込まれていました。その出来栄えにも驚いたのですが、子どもたちの優しさがぎゅっとつまっているところが印象的でした。ハリネズミなどの小さな動物たちが冬を越すための茂み、ちょっと一人で考え事をしたいときに使えるハンモック、待ち合わせるときに目印となって、友達を探すときには遠くまで見渡せる塔、ゴミ箱などなど。また、興味深かったのは、地面にオレンジ色のモールでぐねぐねした何かが置かれていたのですが、それはミミズで、亡くなった人が自然に還る過程を表現しているのだそうです。墓地だった場所を公園にすることが何を意味するのか、「死」という難しいテーマと向き合った証なのだと思います。それが、公園の名前にも表れています。

すでに書きましたが、Leise-Parkという名前は、プロジェクトに参加した子どもたちが呼んでいた通称がそのまま正式名称として採用されたものです。フィールドワークで墓地を最初に訪れたとき、引率者としてプロジェクトに同行していた先生が「墓地ではどのように振舞うのがよいだろうか?」と子どもたちに問いかけたことがきっかけで「leise（静か）にしなくちゃいけないから、leise Parkにしよう」と自然に生まれたそうです。公園にリニューアルすることが決まった時点で、墓地として使われていたところはすでにほとんどなかったのですが、幼くして亡くなった子どもたちのお墓は残っていました。遺族はお墓を移動させることもできたのですが、近隣の子どもたちが遊びに来る場所になるならとそのままにすることを選んだのだそうです。しかし、子どもたちにとっては、自分とそう年の変わらない子がそこに永眠している事実と向き合うのは苦しいことです。それでも彼らなりに考え、子どもたちのお墓の近くでは静かにしよう、その子たちに思いを馳せる場所にしようと自らルールを設け、それが公園のコンセプトとなり、呼び名にもなりました。ちなみに、文法的に見ると「leise」は人や動作、あるいは音にかかる形容詞なので、通常なら公園と組み合わせる言葉ではありませんし、格変化もしていないので稚拙な印象を与えます。日常的に使うなら、ein ruhiger Park（静かで落ち着きのある公園）が妥当でしょう。また、stillという単語は内省的で奥行きのある静けさを意味するので、墓地のイメージにぴったり。そうした理由から、大人たちはPark der Stille（静寂の公園）と名付けたかったそうですが、Leise-Parkはそのキャッチーな響きも含めて、成り立ちを考えるといい名前ですよね。

◆ 公園づくりで子どもたちが学んだこと ◆

この参画プロジェクトに関わった区の職員によれば、子どもたちが公園作りを通じて学んだことは大きく3つあるそうです。

まず、子どもは子どもなりに大人とは異なる意見を反映させることができると実感すること。子どもの考えることなんてお見通し、と思い込みがちですが、実際は違います。このプロジェクトでも、子どもたちの求めている公園を正しく予想できた大人はいなかったといいます。大人が言うことの方が正しいのかも……と思うのではなく、自分たちの立場から見えることを伝えることは、主体性を育み、忌《き》憚《たん》なく自分の意見を述べることに繋がります。

次に、誰もが（子どもでも）社会に影響を及ぼすことができると体験すること。これはその後の人生を大きく変える体験のひとつといえるでしょう。実際に、ここまで本格的に子どもたちが主体となって作られた公園は、ベルリンでも珍しかったので注目を集め、メディアから取材依頼などもあったそうです。そのとき対応した生徒は、それまではどちらかというと後ろの方でもじもじしているタイプだったそうですが、プロジェクトに参加してからは何に対しても積極的になり、自分が住む街を見る目も変わったと話していたそうです。

最後に、参画のプロセスで試行錯誤することを学習すること。当然、公園作りに限らず、すべてが自分の思い描くようには進みません。何かを決めるときに多数決を取る方法がありますが、ときと場合によってはそれが必ずしも正しいとは限らず、互いに譲歩し合いながら進めていく、対話型のプロセスもあることを知ります。つまり、子どもたちは、公園作りに参画することを通して、民主主義的な決定プロセスを何段階も経験していることになるのです。

◆ 学校で民主主義を学ぶ ◆

ドイツには、ワイマール共和国という、当時もっとも民主的な体制から独裁的なナチス政権を誕生させてしまったという反省があり、「民主主義を守らなくてはならない」という強い思いがあります。そして、世界的にも珍しい「連邦政治教育センター[※1]」と呼ばれる機関が設立されました。さまざまな社会問題を扱った刊行物を無料で提供したり、EU各国の主要紙の内容をテーマごとに要約したものを配信するなど、誰もが簡単に世の中の情報にアクセスできるように注力しています。政治教育といっても、「投票に行きましょう!」などの政治参加を促すことを最終目標としているわけではなく、そもそも民主主義とは何か、狭義と広義の政治は何を指しているのか、など、その内容は多面的です。民主主義に関する教育はその一部で、学校現場にもその理念は反映されています。

もちろん、政治を語る上では、歴史をはじめとした社会科系の授業が担う役割も大きいです。1933年のナチス党による政権掌握は決して「事故[※2]」ではなかったという共通認識の理解を含め、過去と向き合うことが、政治教育の基礎となります。しかし、社会科だけがその役割をになっているわけではありません。倫理・哲学・宗教・地理・音楽・美術・ドイツ語（国語に相当）など、多くの教科を横断して、ナチス政権が人々にどのように影響したのか網羅的に学ぶカリキュラムになっています。音楽や美術は政治と関係がないと思われがちですが、とんでもない！　ナチス政権下の文学作品や映画、音楽に触れ、どのような印象を受けるのか、年を追うごとに変化を感じるかなど、分析することを試みます。民主主義が国会の中だけに存在するわけではないのと同じように、ナチス的思想がどのように人々を蝕《むしば》んでいったのかを理解しなければ民主主義を守れるはずがないと、先人たちの想いが引き継がれているのです。

成績のつけ方も日本とは少し異なります。下級生〜中級生の間はテストの点数がベースになるのですが、学年が上がるにつれ授業中における発言の質が問われるようになります。上級生になると、mündlich（口述＝授業中の貢献度）とschriftlich（筆記＝テストの点数）の割合がなんと1対1。学校では自分の意見を持たない生徒、あるいは持っていたとしても発言しない生徒にはペナルティーが課されるのです。ギムナジウムに通っていた当時は、発言しない自由だって認められるべきだと感じていましたが、ドイツの歴史を鑑《かんが》みれば当然の成り行きといえるのかもしれません。

◆ ボイテルスバッハ・コンセンサス ◆

そして、もうひとつ、政治教育の基本原則に「ボイテルスバッハ・コンセンサス[※3]」というものがあります。

1 教員は、生徒の期待される見解をもって圧倒し、生徒が自らの判断を獲得するのを妨げてはならない
2 学問と政治の世界において論争があることは、授業の中でも論争があるものとして扱わなければならない。
3 生徒が自らの関心・利害に基づいて効果的に政治に参加できるよう、必要な能力の獲得が促されなければならない。

中でも2番目の論争性の原則は、言い換えれば「結論を無理に出さなくてもよい」ということで、とても重要な示唆を与えていると思います。なんとなく、授業でディベートをすると、テーマが複雑な社会問題であったとしても何かしらの結論を導きたくなりますが、世の中で決着がついていない問題について「授業だから」といって多数決をしたり、単純化することにはあまり意味がないともいえます。議論がうまく収まらないとモヤモヤしたものが残ることもありますが、実際に社会に出たらその感覚を抱えながら向き合わ

なくてはいけません。つまり、論破したり、無理に合意することよりも、自分とは異なる意見を尊重することを学んでいるのです。それこそが、民主主義の核となる部分なのではないでしょうか。

◆ 余暇と民主主義 ◆

ここまで、ドイツの人たちが民主主義をどう体得しているのかについて書いてきましたが、最後に行き着くのは「余白」だと思っています。生活の中の余白、つまり余暇を充実させることがもっとも大切なのではないでしょうか。

前のトピックでも余暇について考えてみましたが、余暇はそれ自体が自己充足的であり、「何もしないをする」ことでも成立するのが大きな特徴です。何かに強制されているわけでもなく、見返りがあるわけでもないのに、興味が湧くことや、やらずにはいられないことこそが余暇の本質なのです。例えば、留学するために毎日英語の勉強をすることは、余暇の時間を使っていたとしても、また自分の意志であったとしても、目的(おそらく留学後には昇給などの見返りも)ありきの行動なので、本質的に余暇とは違いますよね。しかし、留学するつもりもなければ、仕事で役立てるシチュエーションもなさそうなのに毎日勉強を続け、気が付いたらボランティアガイドまでやっていた場合はどうでしょう？　英語の勉強自体が自己充足的であり、あくまで結果としてボランティアガイドという新しい選択肢が生まれていますよね。あるいは、暇さえあれば庭で土いじりをしている人がいたとします。野菜なら買った方が安いし、花も水やりなどの手間暇を考えるとまったく割に合いません。

非合理的でも続けるのは、英語を勉強したり、植物を育てることがその人にとって喜びであり、生きがいだからです。またある人は、家でのんびり過ごすことに徹しているとしましょう。シーツを洗ったり、ケーキやクッキーを焼いて、友達の誕生日プレゼントをリサーチしたら、読書することもあれば、ソファでゴロゴロするだけの日もある……自分の生活をSNSで発信しているわけでもなく、淡々と過ごしているだけのようにも見えますが、いずれも手段が違うだけで、社会や家庭の中で求められる役割から解放された、主体性の高い行動です。純度が高い状態の自分でいるためのルーティンとも言えます。

自分らしくいられなければ、どれだけ勉強をして知識があったとしても、自分のことを深く知ることはできません。自分を見失ったままでは、自分や社会にとってよりよい選択はおろか、他人に対しても寛容ではいられなくなり、すべてが悪循環になってしまいます。だから、民主主義には、本来の自分にリセットしてくれる余暇の時間が必要不可欠な要素だと私は思うのです。

※1：https://www.bpb.de/die-bpb/ueber-uns/service/newsletter/ 英語も対応

※2：ドイツではよく、Machtergreifung war kein Betriebsunfall（ナチスによる権力掌握は「事故」ではなかった）という言い回しが使われる。

※3：1976年、シュトゥットガルト近郊のボイテルスバッハにドイツ全国から政治教育学者が集まり、政治教育の理念について協議したのち、発表した合意。今日まで、ドイツにおける教育の基本原則とされている。

わたしのルーツはわたしのもの

◆ 多文化共生 ◆

“Woher kommst du?” ——出身地を尋ねるベーシックな質問です。英語の授業でも自己紹介フレーズと一緒に習いますよね。語学学習における鉄板フレーズともいえますが、近年では、この質問がハラスメントになりうることをご存知でしょうか。もちろん、地元がどこなのかを尋ねる意味で聞く分には問題にならないのですが、今のドイツでは、多くの場合は移民の背景があるのだろうと推測した上で聞くことが多く、ここにursprünglich（本来は・もともとは）という言葉が加わると完全にルーツを尋ねる質問になります。

それが差別的であると広く認識されるようになったきっかけは、2018年秋、とある人気オーディション番組の審査員の執拗な態度でした。その審査員は“Woher kommst du?”と舞台に登場した少女に尋ね、当時5歳だった彼女は自分が住んでいる街の名前を答えます。ここまではよくある光景ですが、審査員はその答えに満足しません。民族衣装に身を包んだ少女になんとしても「出身国」を言わせたいのか、しつこく質問を続けるも埒が明かない……。

それもそのはずです。少女にとっては、自分が生まれたドイツの街が故郷なのですから。結局、そのやり取りはステージの袖から様子を見ていた少女の母親が答えることでやっと終わります。なぜ、それほどまでに固執したのかは分かりません。もしかしたら、その審査員は、自分の推測が正しいかどうか確かめたかっただけなのかもしれません。しかし、理由はなんであれ、自分が望んでいる答えを無理やり引き出そうとする審査員の言動に疑問を感じ、リスペクトに欠ける差別的な発言であると多くの人が非難したのです。また、時代の流れも相まって、移民の背景を持つ人たちがより積極的に声をあげるようになりました。

図◆ドイツに住む人々の背景

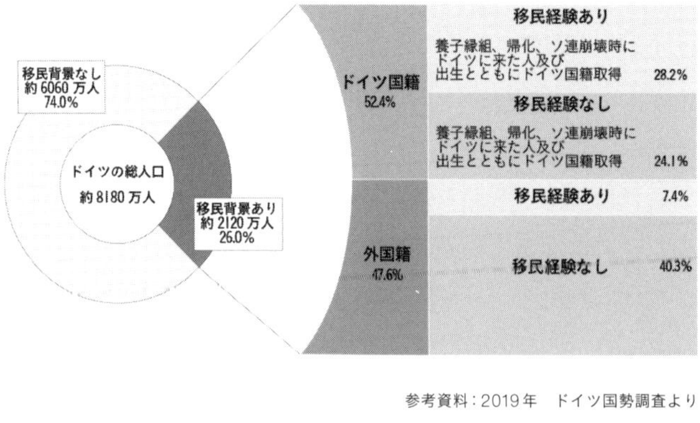

参考資料：2019年　ドイツ国勢調査より

ドイツ連邦移民・難民局が公表している統計データ[※1]によると、2019年時点で総人口8200万人のうち26%が移民の背景（Migrationshintergrund）を持っています。ここでは滞在年数や滞在目的は問わずに移民背景と表現されていますが、おおまかに分けると、半数弱が外国人居住者で、残りの半分がドイツ国籍かつ狭義の意味での移民背景を持つ人だと理解すると分かりやすいと思います。そのさらに半数以上は自身に移民経験がない、ドイツ人として生まれた人たちです。それだけでも、ざっくり600万人くらいになります。年齢を15歳以下に限定すると、移民の背景を持つ同世代の割合は40％近くにもなり、そのうち97％以上が出生と共にドイツ国籍を取得しています。

このデータからもわかるように、ドイツにいる人々のエスニシティはとても多様で、そもそもグルーピングすることがナンセンスであることはおいておくとしても、外見や名前など表面的な情報だけで「ドイツ人」かどうか判断するのは非常に難しく危ういのです。ちなみに、現在ドイツ国籍を取得するためには、両親のいずれかがドイツ国籍あるいは永住権（＋8年以上の滞在歴）を持っていることが条件となります。

◆ 無自覚な差別 ◆

ここで少し私自身の体験を交えながら、2018年以前はどうだったのか振り返ってみましょう。パーティーなど出会いの場所では、“Woher kommst du?” は普通に飛び交う質問だったように記憶しています。私自身も出身地をよく聞かれましたし、同じ質問を返すこともありました。中でも学生時代から東京に越して来るまで暮らしていたベルリンは、様々な国や地域から人が集まってくるので、むしろ自然な流れだったのかもしれません。よくあった会話のひとつを再現してみました。

Und woher kommst du?　地元はどこなの？

Ich bin Düsseldorferin!　デュッセルドルフだよ。

Oh cool, ist ne schöne Stadt.

そうなんだ、いい街だよね。

Ja, ich weiß. Und du? Woher kommste?[※2]

うん！　あなたの地元は？

Ich bin von hier. Also du bist aus Düsseldorf und ursprünglich, wenn ich mal so fragen darf?

私はここが地元。えーっと、あなたはデュッセルドルフ出身で、差し支えなければいいんだけど、元々のルーツは……？

Ah, ich bin Japanerin. Bin aber hier geboren.

日本人なの。でも、生まれはこっち。

Warst du schon mal in Japan? Sprichst du auch Japanisch?

日本に行ったことはある？　日本語も話せる？

Na klar.　もちろん。

私自身に限っていえば、こうしたやりとりを幾度となくしてきたわけですが、興味があるからこその質問だろうとおおむね好意的に捉えてきました。超ポジティブな性格だから、といってしまえばそれまでかもしれませんが、私自身が幼いころ、子どもなりにアイデンティティーについて悩んだ経験も多少は役に立っているように感じています。

◆ わたしだけの「妄想ジャパン」◆

小さい頃から呪文のように言われてきた「日本とドイツを繋ぐ架け橋」となるべく、品行方正な「民間外交官」として言語も文化もすべてパーフェクトでなくてはならない、という自ら抱え込んだプレッシャー。一方で、どちらにも属し切れないけど、どちらでもある、揺らぐ自分という存在。多文化の中で育つ子どもにはよくある悩みだとは思います。しかし、マクロで見れば珍しくないとはいえ、当事者からすれば相談できる相手もロールモデルも少なく、孤独です。大人たちは多様な環境で生まれ育つことやバイリンガルのメリットばかりいいます。もちろん、それは得難い経験だと重々理解しているつもりでしたが、言葉だって勉強しなくてはできるようにならないし、自分で選んだわけでもないのにマイノリティーとしてマジョリティーの中に居《い》候《そうろう》させられているような感覚はあまり居心地のよいものではありませんでした。

今振り返ってみると、自分らしさや自分の夢を追求する心の余裕などなく、どうやったらマジョリティーの中に溶け込めるかばかり考えていたように思います。それが勉強するモチベーションにもなっていたわけですが、それでも、マジョリティーにはなれないし、自分のことを否定もしたくない。どこに行っても「はみだしっ子」だったので、ただただみんなと同じになりたかった。その方が楽しそうに見えたからです。

そんな中で作家のルース・ヴァン・リーケンと社会学者のデイヴィッド・C・ポロックが提唱した「サードカルチャーキッズ」という概念と出会ったとき、ぐちゃぐちゃだった考えがすっと解けて、心が軽くなったのです。聞き慣れない言葉だとは思いますが、サードカルチャーキッズ（TCK）とは、両親の生まれた国の文化を第一文化、現在生活している国の文化を第二文化とし、この2つの文化の間で独自のカルチャー（第三文化）を創造していく子どもたちのことを指しています。

彼らが成長し大人になるとアダルトサードカルチャーキッズ（ATCK）になります。興味深いことに、第三文化にはひとつとして同じものがなく、子ども一人一人のオリジナル文化が形成されていくのだそうですよ。心の拠り所、といってもよいかもしれません。私にとってサードカルチャーは、母や友人から聞いた話や、小説や漫画から妄想し続けた理想の桃源郷、題して「妄想ジャパン」です。妄想ジャパンがそのままの形で存在しないことは分かっていましたが、そのワンダーランドから抜け出せない私がいたのも事実。日本に移住することは、自分の妄想と現実のギャップを埋めるため、そして、私自身を救い出すための大切な決断でした。

例えば、東京で暮らし始めていちばん衝撃的だったのは「どら焼きは買うもの」であることを知ったときです。我が家では母がなんでも手作りしてくれたので、なんとなく、庶民的なおやつですし、どら焼きもお袋の味のひとつだと思い込んでいたのですが、自分で作る人は少数派なんですね……。始終、そんな感じでちょっとズレたニッポン観が私の中にはあります。今では、これはこれで愛おしい存在なのですが。

さて、話は戻りますが、自分のアイデンティティーを形成する文化が3つもあったら、うまく言語化できないし、得体が知れないのも仕方がないな、と妙に納得したのです。国籍は日本、読み書きは日本語の方が得意、喧嘩と外国語を使うときはドイツ語脳、故郷はドイツ、サッカーワールドカップで応援するのもドイツ。他人から見れば一貫性がないかもしれませんが、それが等身大の私ですし、大いに悩んだ末に出した結論は、「何者なのか理解してもらえなければ説明するしかない」と割り切ることでした。

◆ #vonhier（私の地元はここ）◆

しかし、個人の感覚を大きな主語にして語るわけにはいきません。不躾にルーツはどこだの、国籍はどっちだの、同じことを繰り返し聞かれるうちにじわりじわりと傷付けられている人が少なからずいるのもまた事実だからです。

Twitterで「#vonhier（“Woher kommst du?” に対する「ここ出身」という答え）」というハッシュタグで検索すると「いつまでたってもドイツ社会の一員として認められていない気がする」「あなたは『そっち側の人』とよそ者扱いされている気がする」「どうして、いつまでも私がドイツ人であることを証明しなくてはならないのか」「私はここで生まれ育った」「なぜ、よく知りもしない人に自分だけプライベートな情報を晒さなくてはならないのか」「もっと私の中身に興味を持ってほしいのに、ググればすぐに分かるような質問ばかりするのはやめてほしい」など、憤りを感じている人、嫌気が差している人の切実な思いが溢れています。

軽い気持ちで質問した人からすれば、寝耳に水でしょう。そんなつもりはなかった、と。怒ることないじゃないか、と開き直る人もいます。たしかに、たった一度の出来事で打ちのめされることは少ないでしょう。ただ、言われた側も見過ごしてしまいそうなくらい小さくて名前すらない違和感でも、長い年月の中で蓄積されるとどこかのタイミングで爆発してしまうのです。マイクロアグレッション（ドイツ語ではAlltagsrassismus［日常レイシズム］といいます）と呼ばれるものの恐ろしさは、悪意のない言葉すら毒となってしまうことなのだと思います。たとえば、ドイツ語を母語だと認識している人に対して“Ihr Deutsch ist ausgezeichnet!（あなたのドイツ語は素晴らしい！）” “Das hört man nicht!（ネイティブじゃないなんて到底思えない！）” と言ったとします。口にした本人は純粋な気持ちで褒めているとしても、言われた側は答えに困ります。お礼を言うのもなんだか変だし、かといって、褒めてるんだから悪気などあるはずもないのに怒ったりしたら心が狭い人と思われてしまうかも……と日々モヤモヤしてしまうのです。

今や「ドイツ人」も多様なはずなのに、表面的な情報で自分が属している社会の外の人だと決めつけてしまうのは、意図せずとも暴力的なコミュニケーションになってしまう可能性があります。まさに「無知は罪である」と心に留めておかなくてはなりません。

ただ、これはなにもドイツに限った話ではなく、日本でもありえますよね。もしかしたら、褒めるつもりで言った「日本語お上手ですね」「漢字も書けるんですね」が、相手を傷付けてしまうかもしれません。その人が本来なら日本語を流暢に使えるはずがないという潜在的な思い込みが滲《にじ》み出てしまっているからです。それは、残念ながら多様性を尊重する考え方とは言えませんよね。日本でも多文化の中で育つ子どもたちは確実に増えていますし、アップデートが必要なときが来ているのではないでしょうか。また、自分のルーツを大切にするカルチャーも生まれつつあるように感じています。

◆ 新しい常識 ◆

それでは、今後ルーツに関する質問は絶対的タブーなのかというと、それはそれで見当違いなのではないでしょうか。一部で言葉狩りのような動きを見かけますが、本質を見失っているようにも感じます。社会が多様化すればするほど、それぞれが持つルーツも多種多様に、そして複雑になっていくはず。アイデンティティーに悩んでいる最中の人もきっと多くいることでしょう。となれば、より多くの対話が必要なはずです。初対面の人に年収や結婚観、性的指向を尋ねたりしないように、関心という仮面を被った野次馬根性で軽々しく聞くことではなくなった、というに過ぎないのです。つい最近までは、雑談やスモールトークといったその場を繋ぐ話のひとつとして扱われてきましたが、それはもう過去の話。極めてパーソナルな領域に踏み込む覚悟がいる質問ともいえます。自分は何者なのか、人によっては何年も悩んだ末に結論を出している可能性もあるからです。

ただ、じっくりと対話を重ね、信頼関係を築いていく過程でルーツに関わることを真摯な気持ちで尋ねてみるのは、多様性・多文化共生となんら矛盾する行為ではないと私は考えています。もっとも、そのときは“Woher kommst du ursprünglich?”という文言はちょっと野暮かもしれません。あなたが聞きたいのは国名ではなく、その人のストーリーのはずです。私なら、例えば、“Würdest du mehr über dich und deine Familie erzählen?（もっとあなたや、あなたの家族のことを教えてくれる？）”や、“Ich finde deinen Namen ja so schön. Was bedeutet dein Name?（あなたの名前、とっても素敵だよね。どんな意味があるの？）”など、一歩踏み込んだ質問をしてみます。相互理解とは、共通の関心ごと（例えば芸術もそのひとつ）と相手への敬意、そしてほんの少しの勇気というバランスの上に成り立っているのではないでしょうか。もちろん、いうまでもありませんが、相手が乗り気でなければその気持ちを尊重するまでです。普段の会話となんら変わりませんよね。

話したくない理由もそれぞれにストーリーがありますが、単純に面倒臭いから（この場では）話したくないという人も一定数いる気がします。私ですら、日本で初めて行く美容室などで地元を尋ねられると「なんて答えようかなあ」と思ってしまうことがあります。もちろん悪意なんてないことは分かっていますし、ドイツはあまりに想定外の答えでしょうから「へぇ、すごいですね！」「ドイツって何語を話すんですか？」「ドイツ語もペラペラなんですか？」といった反応が来ても傷付いたりはしませんが、笑顔で応える気力がない、そんな日もあるわけです。しかし、振り返ってみると、これまではルーツを尋ねる質問に「答えない」という選択肢すらなかったような……今までこの話題がいかに軽く扱われてきたのかと改めて驚いてしまいます。その辺りの意識改革は必要だと思います。

◆ 拒否ではなく、対話を ◆

ドイツでも日本でも、これまでにルーツや生い立ちに関する質問を何回も受けてきました。中には自分の知識をひけらかしたい人、政治批判をしたい人、よく分からないマウントを取りたい人、聞くだけ聞いておいて実は全く興味がない人、なぜかガッカリする人などもいて、もやもやした経験もあります。それでも、答えることをやめないのは、話をしてみないことには何も変わらないからです。

私の肌感覚としては、戦後、特に現代のドイツにおいて、あからさまに人種差別的な発言をする人は極右思想を持った少数派に過ぎません。しかし、異文化に対する偏見はまだまだありますし、理解度についてもかなりグラデーションがあります。接触する機会が少なければ馴染みもなく、異質なものとして映ってしまうのは仕方ありませんが、断片的に聞きかじった話に尾ひれを付けて笑いのネタにしてしまったり、珍しい食材を扱う食文化を「気持ち悪い」などと言ってしまいがちです。その文化圏に属する人は、直接的に自分のことを攻撃されたわけではなくても、そうした発言にとても傷付きます。

今でもよく覚えているのは、同じ幼稚園に通っていた園児が、私のお弁当のおにぎりに巻かれた海苔を見て「なにこれ!! チョコレートじゃん！ 気持ち悪い！ こんなのご飯じゃない！」と興奮気味に走り回っていた様子です。今考えるとそこまでひどい内容ではありませんが、4歳の私は突然の出来事に呆然としてしまい、また説明する言葉も知識もなかったので、心底イヤな気分でその日を過ごしました。そして、二度とおにぎりを持っていくまいと決めたのです。

ところが、このおにぎりのトラウマを、私は中学1年生の夏に編入したギムナジウムであっさり克服することになります。その方法はとてもシンプルで、おにぎりを見て「それ、なに？」と怪訝な顔をするクラスメイトに「ライスボールを薄く焼いた卵で包んであるんだよ。食べてみる？」と勧めてみたのです。すると、「どうやらライスボールなるものはおいしいらしい」と評判が評判を呼び、いつの間にか、それ目当てで休み時間に近付いてくる生徒も現れ、海苔が巻いてあろうが、赤紫蘇のふりかけで色が紫になっていようが、大好評！　最終的に、自分の分を死守するので精一杯、という状態になってしまいました。

私にとって初めての異文化間対話となったこの「おにぎり体験」は、大切なことを2つ教えてくれました。ひとつは、自分から歩み寄り、最初の一歩を踏み出す勇気が状況を変えてくれること。行動あるのみです。あのとき、渋る私を母が説得していなければ、おにぎりを持っていくこともなく、トラウマから解放されるまでもっと多くの年月がかかっていたかもしれません。もうひとつは、一度にすべてを受け入れてもらおうとするのではなく、時間をかけて段階を踏むことで理解が深まること。焦らない、急がば回れ。初めから海苔が巻かれたおにぎりを勧めるのではなく、味の想像がしやすい薄焼き卵で茶巾寿司風にアレンジしてあったのが成功の鍵でした。

もちろん、世の中の問題はずっと複雑。すべてがおにぎりのようにはいきませんが、小さなアクションが後々に大きなうねりを生むきっかけにはなりえます。だから、無自覚であったり、悪意がなかったとしても差別的なことを言って面白がっている人に対しては、まずは“Das ist nicht lustig.（それ、笑えないよ）”などとできるだけ簡潔に、そしてニュートラルに伝えるようにしています。差別的だとレッテルを貼るのは簡単ですが、ドイツが歩んできた歴史を考えると、例えば、rassistisch（［人種］差別的）という表現を安易に使うのはあまりにも重く、暴力的ですらあります。時間はかかりますが、ドイツ的民主主義の柱のひとつである「対話」を通じて理解を深めようとするのも、多文化の中で育った当事者としての務めだと個人的には思っています。また、これまで日常に埋もれていた声が多くの人の共感を呼んでいるということは、多様な背景を持つ人が増えている何よりの証拠ですよね。それは社会が次のフェーズに移る前兆なのではないか、次はどんな時代になるだろう、と期待も高まります。

※1：https://www.bamf.de/DE/Themen/Forschung/Veroeffentlichungen/Migrationsbericht2019/PersonenMigrationshintergrund/personenmigrationshintergrund-node.html
※2：kommste?　はkommst du?　の口語表現

Weihnachten
steht vor
der Tür

付録

1分間スピーチ

付録

1分間スピーチ

ドイツ語に限らず、外国語の習熟度を深めるには目標を定めることをおすすめします。ドイツ語検定2級に合格したい、ドイツの大学院で学びたい、移住したい、映画を字幕なしで観たい、本場のクリスマスマーケットに行って店主と話せるようになりたい、ドイツの友達とおしゃべりしたい、ゲーテの作品を原文で読めるようになりたい、『銀英伝』のキャラクターの名前の意味が分かるようになりたい……などなど、小さくてもよいので具体的な目標を立てましょう。モチベーションを維持しやすく、逆算して、今日やるべきことがわかりやすくなりますよ。

もちろん、みんながみんな目的意識を持って学んでいるとは限らないですし、そうでないとダメだといいたいのではありません。でも、ドイツ語を学ぶ人に聞いてみると、「話せるようになったらいいなあ」と漠然と思っている方がほとんどでした。

そこで、目標があってもなくても役に立つスピーキング練習方法はないものかと考えて、行き着いたのが「1分間スピーチ」です。1分間で話せることは決して多くはありませんが、それでも思っている以上に多くのことを伝えられますよ。何を話していいか分からないと思うかもしれませんが、まずは、自分のことを話せるようになれば充分です。あなた自身の話から徐々に関連するものへと話を膨らませていって、1分間の引き出しを増やしていきます。アニメ版『銀河鉄道の夜』の中でジョバンニがアルバイトしている活版印刷所の棚のようなイメージ、といったら伝わりやすいでしょうか。単純計算すると、引き出しを10個作れれば、ドイツ語で10分間プレゼンテーションできるようになりますね。その都度、必要なものを組み合わせて使えば、覚えているフレーズの数は少なくてもバリエーション豊かな会話が成立しそうな気がしませんか？

Ich stelle mich vor!

コミュニケーションの最初にやってくるのは「自己紹介」。名前や職業、出身地や趣味などをスムーズに表現できたら、そこから話題が広がりますよね。それぞれの内容ごとに、例文と、「XXX」のところを埋めたり入れ替えたりして使える単語表、目安となる秒数をまとめてみました。章末にある私の自己紹介文を参考に、オリジナルの自己紹介を作ってみてください！

10秒 名前の紹介、名前の意味と由来について

Hallo, ich bin XXX XXX. Freut mich!

こんにちは！ XXX XXXです。どうぞよろしくお願いします。

Mein Nachname bedeutet XXX und XXX.

私の苗字はXXX XXXという意味なんですよ。

Nennen Sie mich einfach XXX. XXXと呼んでくださいね。

Nun ein paar Worte zu mir. 私のことを少しお話ししますね。

10秒 住んでいる街

Ich lebe in XXX. XXXに住んでいます。

10秒 家族

Ich bin verheiratet.　結婚しています。

Ich bin single.　独身です。

Ich lebe alleine.　一人暮らしです。

Ich lebe mit meinem Partner/mit meiner Partnerin.
パートナーと暮らしています。

Ich lebe mit meiner Familie.　家族と一緒に暮らしています。

Ich habe einen Sohn/eine Tochter/zwei Kinder/drei Kinder.　息子が一人／娘が一人／子どもが二人／子どもが三人います。

Ich habe einen Hund/eine Katze.　犬を／猫を飼っています。

10秒 仕事

Ich arbeite bei（会社名）.（会社名）で働いています。

Ich arbeite in der ...　○○業界で働いています。（女性名詞）

Check!

いろいろな業界（女性名詞）

IT-Branche	IT	Medienbranche	メディア
Automobilindustrie	自動車	Landwirtschaft	農業
Finanzdienstleistung	金融	Immobilienbranche	不動産
Gastronomie	飲食	Logistik	物流
Werbebranche	広告	Modebranche	アパレル

ch arbeite im ...　○○業界で働いています。(男性・中性名詞)

いろいろな業界(男性・中性名詞)

Einzelhandel　小売業　　**Großhandel**　卸売業

Gesundheitswesen　医療系

Ich arbeite in der ...　○○部署で働いています。(女性名詞)

いろいろな部署(女性名詞)

Marketingabteilung　マーケティング部門

HR　人事部

Buchhaltung und Finanzen　経理

Forschung und Entwicklung　研究開発

Geschäftsleitung　経営管理部

IT und EDV Produktion　IT部門

Ich arbeite im ...　○○部署で働いています。(男性・中性名詞)

いろいろな部署(男性・中性名詞)

Kundendienst　カスタマーケア

Personalwesen　人事部　　**Vertrieb**　販売部門

Ich bin ...　私は〇〇です。

Check!

いろいろな職業

selbständig　フリーランス・自営業

Arzt/-in　医者

Rechtsanwalt/-in　弁護士

Lehrer/-in　教師

Handwerker/-in　職人

Berufskraftfahrer/-in　トラックドライバー

Künstler/-in　アーティスト

Schauspieler/-in　俳優

Tänzer/-in　ダンサー

Wissenschaftler/-in　研究者

Dolmetscher/-in　通訳

Elektroniker/-in　電気技師

Flugbegleiter/-in　フライトアテンダント

Friseur/-e　美容師

▼ 学生さんの場合

Ich studiere ...　〇〇を勉強しています。

▼ 過去形なら

Ich habe 〇〇 studiert.　〇〇を勉強していました。

▼ 大学名も入れたい場合

Ich studiere an der 〇〇 Universität XX.

〇〇大学でXXを勉強しています。

Ich habe an der 〇〇 Universität XX studiert.

〇〇大学でXX学を勉強していました。

▼ 教員になる場合

Ich studiere XX auf Lehramt.　XXの先生になる勉強をしています。

Check!

いろいろな学問

Rechtswissenschaft/Jura 法律

Politikwissenschaft 政治

Volkswirtschaftslehre (VWL) 経済学

Betriebswirtschaftslehre (BWL) 経営学

Handelswissenschaft 商学

Soziologie 社会学

Tourismus 観光学

Internationale Beziehungen 国際関係学

Kommunikationswissenschaft コミュニケーションサイエンス

Physik 物理

Chemie 化学

Biologie 生物学

Elektronik 電子工学科

Informatik 情報工学科

Architekt 建築学科

Mathematik 数学

Landwirtschaft 農学部

Fischerei 水産学部

Veterinärmedizin 獣医学部

Medizin 医学部

Zahnmedizin 歯学部

Pharmazie 薬学部

Medizintechnik 医療技術学部

Geographie 地理学

Geschichte 史学

Literatur 文学

Philosophie 哲学科

Psychologie 心理学

Archäologie 考古学

Kulturwissenschaft 文化学

Japanologie 日本学

Sinologie 中国学

Anglistik 英文学

Französisch フランス語

Germanistik ドイツ学

Erziehungswissenschaft 教育学部

Modedesign モードデザイン

Musik 音楽

Bildende Kunst 美術

Design デザイン

Dramaturgie 演劇

Sportwissenschaft 体育学

Gesundheistwissenschaft 健康科学部

20秒 故郷の紹介

Ich komme aus der Präfektur XXX. 私はXXX県出身です。

Das ist eine Region im Norden/Süden/Westen/Osten Japans. 日本の北／南／西／東にある地域です。

Meine Heimat ist eine kleine Stadt/ein kleines Dorf.
私の故郷は小さな街／小さな村です。

Meine Heimatstadt ist relativ groß.
私の故郷は比較的大きな街です。

Dort leben ungefähr XXX Menschen.
人口はおよそXX万人です。

Die Stadt/Das Dorf liegt direkt am Meer.
街／村は海に面しています。

Die Stadt/Das Dorf ist von Wäldern und Bergen umgeben.
街／村は森と山に囲まれています。

Es ist sehr schön im Frühling/Herbst.
春／秋はとても美しいです。

Es ist sehr heiß im Sommer. 夏はとても暑いです。

Es ist sehr kalt im Winter. 冬はとても寒いです。

Es schneit sehr viel. 雪がたくさん降ります。

Meine Heimat ist bekannt für XXX. Sie ist eine Reise wert.

私の故郷はXXXで有名です。行ってみる価値があると思いますよ。

Das müssen Sie einmal erlebt haben.

ぜひ一度訪れてみてください。

20秒 趣味（余暇の過ごし方）とそのきっかけ

Mein Hobbys sind vielfältig.　私は多趣味です。

Meine Hobbys sind ...　私の趣味はXXです。

Ich liebe ...　に置き換えてもOK！

Check!

いろいろな趣味 1

Tanzen　ダンス	Lesen　読書
Reisen　旅行	
mit Freunden rumhängen　友達と遊ぶ	
Leute kennen lernen　新しい人と出会う	
Essen　食べること	Autos　車
Musik hören 音楽	Filme schauen　映画
Spazieren gehen　散歩	Sport　スポーツ
Fußball　サッカー	Volleyball　バレーボール
Baseball　野球	Basketball　バスケットボール
Golf ゴルフ	Tennis　テニス
Badminton　バドミントン	Tischtennis　卓球
Schwimmen　水泳	Fitness　ジム
Boxen　ボクシング	Karate　空手
Kendo　剣道	Judo　柔道

Check!

いろいろな趣味 2

Yoga	ヨガ	Pilates	ピラティス
Schnorcheln	シュノーケリング		
Tauchen	ダイビング	Fotografie	写真
Angeln	釣り	Bergsteigen	登山
Wandern	ハイキング	Camping	キャンプ
Computerspiele	パソコンゲーム		
Eisenbahn	鉄道	Singen	歌う
Karaoke	カラオケ	Zeichnen	絵を描く
Töpfern	陶芸	Schach	チェス
Shogi	将棋	Bonsai	盆栽

Ich verbringe meine Freizeit gerne in der Natur/ mit Freunden. 休日は自然の中で／友達と過ごすことが好きです。

Meine erste Erfahrung mit ○○ war, als ich XX Jahre alt war. ○○を始めたのはXX才の時です。

Meine erste Erfahrung mit ○○ war vor XX Jahren.

○○を始めたのはXX年前です。

Im Moment habe ich leider nicht so viel Zeit für meine Hobbys. Aber ich mag ...

残念ながら最近はあまり趣味に時間を使えないのですが、

○○が好きです。

Ich würde mehr Zeit mit meinem Hobby verbringen.

もっと趣味の時間を充実させたいです。

Neulich habe ich ein neues Hobby entdeckt.

最近、新しい趣味を始めました。

20秒 好きな場所、行ってみたい場所

XXX ist meine Lieblingsstadt.　XXXは大好きな街です。

Ich habe mich in XXX verliebt.

XXXの魅力に、すっかり恋に落ちてしまいました。

Ich möchte mal XXX besuchen.　XXXにぜひ行ってみたいです。

Ich würde gerne mal XXX (+wieder) besuchen.

XXXにぜひ（また）行ってみたいです。

In meinem nächsten Urlaub möchte ich nach XXX fahren.

次の休暇でXXXに行きたいと思っています。

Ich fahre gerne in die Berge/in den Wald/ans Meer/in die Natur.

山へ／森へ／海へ／自然が豊かなところへ行くのが好きです。

Es gibt eine ganz nette Bäckerei in der Nähe.

近くにとっても感じのいいパン屋さんがあります。

Es gibt ein gemütliches Café in der Nachbarschaft.

近所に居心地のいいカフェがあります。

Check!

いろいろな店

eine Buchhandlung　本屋

einen Lifestyle-Laden　ライフスタイルショップ

einen Schuhladen　靴屋

eine Boutique　ブティック

ein Restaurant　レストラン

eine Kneipe　居酒屋

Ich bin da mittlerweile Stammgast.

よく行くので常連客になりつつあります。

自己紹介例

音声 21

Hallo, ich bin Erina Wataya! Nennen Sie mich einfach Elly. Freut mich!
Nun ein paar Worte zu mir.
Ich lebe in Tokio. Ich bin Radiomoderatorin und neulich Autorin.

Ich habe an der FU Berlin Geschichts- und Kulturwissenschaft studiert.
Ich komme aus NRW. Das ist eine Region im Westen Deutschlands. Meine Heimatstadt Düsseldorf ist relativ groß. Dort leben ungefähr 600.000 Menschen. Düsseldorf ist bekannt für die längste Theke der Welt und Karneval!

Ich liebe Tiere, besonders Pinguine. Meine Hobbys sind Lesen, Reisen und Filme schauen. Im Moment habe ich leider nicht so viel Zeit für meine Hobbys. Aber ich würde gerne mal wieder Kumano besuchen und wandern.

こんにちは、綿谷エリナです。えりぃと呼んでくださいね。どうぞよろしくお願いします！

さて、少し私についてお話させてください。

東京に住んでいます。ラジオパーソナリティーとして働いていて、最近は作家デビューしました。ベルリン自由大学で歴史文化学を勉強しました。

出身はドイツの西にあるノルトライン＝ヴェストファーレン州です。生まれ故郷のデュッセルドルフは比較的大きな街で、人口はおよそ60万人です。デュッセルドルフは世界で一番長いバーカウンターとカーニバルが有名なんですよ。

私は動物が好きです。中でもペンギンが大好きです。趣味は読書、旅行、そして映画鑑賞。最近は残念ながらあまり趣味の時間を作れていませんが、また熊野へ行ってトレッキングしたいですね。

1分でコンパクトに日本を語る！

ドイツの人からすれば、出会った日本人は全員が日本代表になってしまうので、思いもよらないことを質問されることもよくあります。全てを網羅するのは難しいですが、ここでは質問されることが多かったトピックをいくつか選び、普通の速度で話しておおむね1分間（110ワード前後）に収まるようにまとめてみました。オリジナルスピーチのたたき台として使って頂ければとっても嬉しいです！

Check!

例文に登場するキーワード

die Ansicht 意見	der Gedanke 思想
die Unvollkommenheit 不完全さ	eng 狭い、密接に
sich auf etwas beziehen ～を指す、～に関連がある	
der Anlass 機会	die Seide 絹
die Baumwolle 木綿	der Verschluss 留め具
die Schnur 紐	laut ～によると
die Statistik 統計	das Altertum 古代
gierig 欲張りな	das Lebensmittel 食料品
wertvoll 貴重	die Eiweißquelle タンパク源
quasi ～のような	reif 熟した
der Muster 手本	die Restauration 復古
verlieren 失う	die Auseinandersetzung 対立
hoffnungslos 絶望的な	der Bahnangestellte 鉄道職員
außerdem そのうえ	gebildet 教養ある
beherrschen マスターする	zweifeln 疑う
sich schämen 恥じる	die Tastatur キーボード
umwandeln 変換する	die Konvertierung 変換
erheblich かなり	dennoch しかし、それでも

Wabi-sabi 音声 22

Wabi-sabi ist die Ansicht oder mehr der Gedanke, die Schönheit in der Unvollkommenheit in der Natur zu finden. Dieses Konzept steht sehr eng mit dem Zen-Buddhismus in Verbindung und existierte bereits in der Nara-Ära (710-794). Man sagt, dass diese Philosophie mit der Teezeremoniekultur perfektioniert wurde.

Ursprünglich bezieht sich das Wort “wabi” auf "Verlassenheit" und "sabi" auf "Einsamkeit". Die beiden Wörter ergänzen sich gegenseitig und drücken Einfachheit und das wahre Wesen eines Objekts aus. Typische Beispiele für Wabi-sabi sind der Ginkakuji-Tempel und der Steingarten des Ryoanji-Tempels in Kyoto.

Es wurde geplant, das Gebäude des Ginkakuji-Tempels mit Silber zu verkleiden. Es kam jedoch nie dazu, weil das unter dem Konzept Wabi-sabi gar nicht nötig war.

わびさび

わびさびとは、自然の中の不完全なものに美しさを見出すこと、もっといえばそのような思想のことです。この考え方は禅と非常に密接な関係があり、奈良時代にはすでに存在していました。そして、その価値観は茶の湯の文化とともに完成されたといわれています。

もともと「わび」は「侘しさ」、「さび」は「寂しさ」を指す言葉です。この２つの言葉は、互いに補い合い、簡素であること、そして物の本質を表現しています。わびさびを体現する代表的なものは、京都の銀閣寺や龍安寺の石庭です。

もともとは、銀閣寺の建物を銀で覆うことが計画されていたのですが、しかし、「わびさび」のコンセプトのもとでは必要ないことなので、実現することはありませんでした。

Kimono 音声 23

Der Kimono ist ein traditionelles japanisches Kleidungsstück. Bis in die 40er Jahre trugen viele Menschen Kimonos als Alltagskleidung. Heutzutage trägt man sie zu besonderen Anlässen wie zum Beispiel Shichi-Go-San, Zeremonien zum Erwachsenwerden, Universitätsabschlüsse und Hochzeiten.
Solche Kimonos sind meistens aus Seide und sehr teuer. Es ist deshalb nicht unüblich, einen Kostümverleih zu nutzen. Sie erfordern außerdem etwas Übung, um sie zu tragen.
Im Vergleich dazu sind Yukatas, Kimonos aus Baumwolle, einfach zu tragen.
Das Interessante an Kimonos: Es gibt keine Knöpfe oder Verschlüsse. Alles wird mit Schnüren und einem Obi-Gürtel befestigt. Außerdem gibt es ein hosenähnliches Kleidungsstück namens Hakama. Vintage-Kimonos sind in letzter Zeit auch bei jungen Leuten in Mode gekommen.

着物

着物は、日本の伝統的な衣服です。1940年代頃までは、多くの人が日常着として着物を着ていました。現在では、七五三や成人式、大学の卒業式、結婚式など、特別な日に着ることが多いです。

そのような着物は通常、絹の布からできており、非常に高価です。そのため、レンタルサービスを利用することも少なくありません。また、着付けにはある程度の訓練が必要です。それに比べて木綿でできた着物である浴衣は着るのが簡単です。着物の興味深いところは、ボタンや留め具がないことです。すべて紐と帯で留めています。また、動き回るときのためにズボンのような袴もあります。最近ではヴィンテージの着物が若い人の間で流行っているようです。

Religion in Japan 音声 24

Religion und Japan. Laut der Statistiken seien die meisten Japaner entweder Shintoisten oder Buddhisten, es ist jedoch schwer zu sagen, ob sie religiös sind. Denn viele Menschen geben an, dass sie keine Religion hätten. Genauer gesagt, man glaubt seit dem Altertum an yaoyorozu no kami in Japan. Yaoyorozu bedeutet wörtlich 8 Millionen, es gibt also unzählig viele Götter für jede Kleinigkeit in Japan.
Daher besuchen viele Menschen zum Neujahr die Schreine, zu Silvester und zu Beerdigungen die Tempeln und lassen sich in Kapellen trauen. Es klingt vielleicht ein bisschen gierig, von allen möglichen Göttern zu profitieren. Andererseits sind die Japaner meiner Meinung nach gut darin, neue und scheinbar abwegige Dinge zu akzeptieren.

宗教

宗教と日本。統計によると、日本人の多くは神道か仏教の信者ですが、信仰があるかどうかは一概にいえません。というのも、自分は無宗教だと思っている人がとても多いからです。日本では古くから八百万（やおよろず）の神が信じられてきました。八百万とは、数え切れないほど多いという意味で、ありとあらゆるものに神様が宿っているとされています。

だから、お正月は神社、年始やお葬式はお寺、結婚式はチャペルでという人もめずらしくありません。あらゆる神様のご利益にあやかろうとする行為は欲張りに見えてしまうかもしれません。一方で、日本人は新しいもの、一見すると突飛なものを受け入れるのが上手、ということなのだと思います。

Japanische Küche und Sojabohnen

音声 25

Mögen Sie japanisches Essen? Sushi und Ramen sind wohl die bekanntesten und beliebtesten, aber in letzter Zeit hat auch Tofu als veganes Lebensmittel an Aufmerksamkeit gewonnen. Wie Sie wissen, wird Tofu ja aus Sojabohnen hergestellt. Da sie schon immer als wertvolle Eiweißquelle verzehrt wurden, bezeichnet man sie als "Fleisch vom Feld". Es gibt viele andere Sojaprodukten, wie zum Beispiel Sojasauce, Miso, Sojamilch, gebratener Tofu, Natto, Sojamehl und so weiter. Aber wussten Sie, dass Edamame - wohl bekannt als der perfekte Begleiter zu Bier- Sojabohnen sind? Edamame sind quasi unreife Sojabohnen. Interessanterweise gehören Edamame zu den grünen Gemüsesorten und haben sowohl die Eigenschaften einer Bohne als auch die eines Gemüses.

あれもこれも大豆

日本食は好きですか？　お寿司やラーメンが最も有名で人気だと思いますが、最近はお豆腐も栄養価の高いヴィーガン食材として注目されています。ご存知の通り、豆腐は大豆からできています。大豆は貴重なタンパク源として古くから食されてきたので、「畑の肉」とも呼ばれています。豆腐の他にも大豆から作られる食品はたくさんあります。醤油、味噌、豆乳、油揚げ、納豆、きなこなどなど。そして、ビールによく合う枝豆も大豆なんですよ！　枝豆は、まだ成熟していない大豆を収穫したものを指します。興味深いことに、枝豆は緑黄色野菜に分類され、豆と野菜の両方の特徴を持っています。

Samurai 音声 26

Samurai sind japanische Krieger aus dem Mittelalter. Heute gibt es sie nicht mehr, doch was ist eigentlich passiert? Im Jahr 1868 gab der letzte Shogun Yoshinobu Tokugawa seine Macht als Regierungschef an den Kaiser zurück. Das war das Ende der Edo-Ära. Die neue Meiji-Regierung wurde nach dem westlichen Muster gegründet und somit war ein moderner imperialistischer Kaiserstaat Japan da. So einfach war die Sache allerdings nicht. Da die Samurai durch die Meiji-Restauration ihren Sonderstatus verloren und sich nicht von radikalen Reformen überzeugen ließen, kam es zu gewalttätigen Auseinandersetzungen. Der Übergang endete praktisch mit dem letzten Widerstand von Saigō Takamori im Jahr 1877. Übrigens, soll der Samurai Katsumoto im Film “Last Samurai” Saigō Takamori nachempfunden worden sein.

武士

侍とは、中世以来日本に存在した騎士のような存在のことです。現代の日本にはもういませんが、一体何があったのでしょうか？1868年に最後の将軍徳川慶喜が大政奉還をして、江戸時代が終わりました。そして、西洋の列強を真似して作った天皇中心の明治新政府が発足しました。しかし、スムーズに新体制に移行したわけではありませんでした。明治維新により特権を奪われた武士たちは、急激な改革に納得しません。その結果、激しい対立が起こりました。1877年、西郷隆盛の反乱を最後に実質的に武士の時代が終わりました。ちなみに、映画『ラストサムライ』に登場する勝元は、西郷隆盛がモデルになっているとも言われています。

Gefangen in der Sardinenbüchse 音声 27

Was ist für Sie typisch Japan? Fujiyama, Kirschblüten, Geisha, Skylines, Manga, die Shibuya-Kreuzung... oder auch die hoffnungslos überfüllten Züge, wo die Bahnangestellten in blauen Uniformen die letzten Passagiere in die Wagen drücken müssen?
Es ist wie in einer Sardinenbüchse, man kann kaum atmen. Das sollten Sie unbedingt vermeiden. Doch ich bin mir nicht ganz sicher, ob es denn bekannt ist, dass dieses Phänomen nicht in ganz Japan auftritt, sondern nur während der morgendlichen Rushhour in Richtung Tokio. Die Züge in der Gegenrichtung, die aus Tokio herausfahren, sind deutlich leerer, und man bekommt sogar noch einen Sitzplatz.
Nach der Corona-Pandemie bieten außerdem die Unternehmen flexiblere Arbeitsformen an. Vielleicht sehen wir immer seltener überfüllte Züge.

満員電車

日本と聞いて、何を思い浮かべますか？富士山、桜、芸者、高層ビル群、漫画、渋谷の交差点……あるいは、紺色の制服を着た職員が乗客を車両に押し込まなければならないような絶望的な満員電車かもしれませんね。

すし詰め状態でほとんど息ができませんし、何としても避けることをおすすめします。しかし、この現象は日本全国で起きているわけではなく、首都圏、しかも東京方面へ向かう朝のラッシュアワーにだけ起きていることをご存知の方は少ないのではないでしょうか？東京を出発する反対方向の列車はずっと空いていて、座れることも多いです。さらに、コロナ禍以降、企業はより柔軟な働き方を提案するようになっています。もしかしたら、今後は満員電車がどんどん減っていくかもしれませんね。

Schriftarten im Japanischen 音声 28

Im Japanischen gibt es drei Schriftarten: Die Silbenschriften Hiragana sowie Katakana und aus dem Chinesischen übernommene bedeutungstragende Schriftzeichen Kanji. Insgesamt gibt es ca. 50.000 Schriftzeichen. Man sagt, dass ein gebildeter Japaner bis zu 5000 Zeichen beherrscht; wenn man eine japanische Zeitung lesen möchte, sollte man etwas mehr als 2000 verschiedene Kanji lernen. Das ist schon mehr als genug, aber dazu kommt noch, dass die Kanji im Japanischen meist mehrere Aussprachemöglichkeiten haben. Besonders bei Eigennamen ist es schwierig, sie korrekt zu lesen. Selbst Japaner zweifeln oft daran.
Sie können also ruhig fragen, ohne sich dafür schämen zu müssen, wie man Kanji liest. Außerdem gibt es viele nützliche Wörterbuch-Apps zum Nachschlagen.

日本語で使われる文字

日本語のには3つのタイプの文字があります。表音文字の「ひらがな」と「カタカナ」、そして、中国から入ってきた「漢字」。漢字は全部で5万字ほどあるとされています。教養のある日本人なら5000字程度習得しているとされ、日本語の新聞を読むためには2000以上の漢字を勉強しなくてはなりません。これだけでも充分すぎるほどですが、日本語の漢字には通常いくつかの読み方があります。固有名詞は特に正しく読むことが難しく、日本人でもわからないことが多いくらいです。ということで、漢字の読み方を聞くのは恥ずかしいことではありません。また、読み方などを調べるのに便利な辞書アプリもたくさんあります。

Eingabesystem des Japanischen 音声 29

Da es so viele Zeichen gibt, wundern Sie sich vielleicht, wie man Japanisch am PC oder Smartphone schreibt. Die Methode ist eigentlich genial! Sie brauchen keine japanische Tastatur zu kaufen, sondern nur zu installieren.
Die Eingabe erfolgt in lateinischen Buchstaben. Dann wird die Silbenschrift Hiragana automatisch angezeigt. Drückt man auf die Entertaste, dann ist die Eingabe abgeschlossen. Drückt man auf die Leertaste, dann können Sie das in Hiragana eingegebene in Kanji umwandeln. Es werden mehrere Vorschläge angezeigt. Um das richtige aussuchen zu können, muss man auch im Zeitalter der Künslichen Intelligenz Kanji lernen. Heutzutage hat sich die Genauigkeit der automatischen Konvertierung erheblich verbessert. Dennoch scheint es immer noch sehr schwierig zu sein, Japanisch ohne menschliche Interaktion zu schreiben.

日本語の入力システム

これだけ文字数が多いと、PCやスマートフォンでどのように日本語を入力しているのか気になりますよね。とっても画期的な方法なんですよ！　日本語キーボードを購入する必要はなく、インストールするだけでOKです。入力はローマ字で行います。すると、表音文字のひらがなが自動的に表示されます。Enterキーを押せば入力は終了。スペースキーを押すと、ひらがなで入力したものを漢字に変換することができます。その際、いくつかの候補が表示されます。 正しい漢字を選ぶためには、AIの時代においても漢字を勉強しなくてはいけません。現在では、自動変換の精度はかなり向上しています。しかし、AIが人の手を借りずに日本語を書くのは、まだまだ難しいようです。

言葉に詰まってしまったら

「相槌がコミュニケーションを制す」でも書いた通り、ドイツ語コミュニケーションにおいては、(相手から見て)謎の沈黙をなるべく避けた方がよいです。実況とまではいかずとも、今、頭の中で何が起こっているのか一言説明できるとお互いにストレスなくコミュニケーションできますし、そのスキルは口述試験でも役立ちます。特別扱いしてもらえることは絶対にありませんが、緊張していると正直に言ってしまったところで特にマイナス評価されることはありません。緊張するのはとても自然なことだからです。それをドイツ語で伝えられるかどうか、要するにそれっぽい独り言や言い訳をできるかどうかが大切なんです。覚えておくと便利なフレーズをいくつか紹介します。

音声 30

Mir ist das Wort entfallen.

(その言葉が何だったか)ど忘れしてしまいました。

Das Wort liegt mir auf der Zunge.

口先まで出かかっているのに……思い出せない!

Ich komme gerade nicht darauf. 今どうしても思い出せません。

Ich komme später darauf.

これについては、後で(思い出したら)また話します。

Ich bin aufgeregt. 緊張しています。

Darf ich nochmal anfangen? もう一回いいですか?(仕切り直し)

Ich fange nochmal an. もう一度初めから話します。

Wo war ich? で、何でしたっけ。

Wo bin ich stehen geblieben? どこまで話しましたっけ。

おわりに

日本で暮らしてみたい。声のお仕事をしたい。そんな夢と共に生まれ育ったドイツを離れ、東京に移住したのが2014年。現在は、語学力を活かせるお仕事とのご縁にも恵まれ、ラジオやテレビのレギュラー出演や、オリンピックの表彰式アナウンス（それもフランス語）など、子どもの頃には想像すらできなかったような素晴らしい機会をたくさん頂きました。無駄になる経験なんてないって本当なんだなぁ……やっぱり語学が好きだなぁ……と等身大の自分を受け入れられるようになったタイミングで頂いたのが、この本のお話でした。本を書くことは人生の大きな目標のひとつだったので、この巡り合わせに感無量！　いまだに信じられない気持ちです。

この本を作るにあたって、「ドイツについてもっと知りたい、もっと自然にドイツ語を話したい」という人が手に取ってくれるような内容にしよう、というテーマが定まりました。とはいえ、読者の役に立ち、それでいて私が書くことに意味がある、私にしか書けないことってなんだろう？　「語学なんてできても大して意味がない」と斜に構えていた時期もある私だからこそ見つけられたドイツ語の楽しさをどう表現しよう？　語学におけるソフトスキルの重要性について、案外語られていないよね。伝えたい思いは溢れるほどあるというのに、いざ書くとなるとそれはもう悩ましいものです。打ち合わせを重ねて徐々に方向性を確認し、少しずつ執筆を進めました。

「わたしのルーツはわたしのもの」で書いた通り、私がこれまでの人生で一番強く「ドイツ語でコミュニケーションが取れた」と感じたのは、まだまだ語彙も足りず、おにぎりの説明だって「Das ist ein Reisbällchen mit Ei.」が精一杯だった、13歳の頃です。でも、この一言で自分の居場所を作れた気がして、不安しかなかった気持ちが一転、パーンと視界が開けていくのをはっきりと感じました。当時の私は、ドイツ語ができるようになれば未来はもっと明るいだろうとキラキラしていました。

何年かはドイツ語力が伸びるのと比例して学校生活における充実度も上がり、少しずつレベルアップしているのを感じられて嬉しかったのですが、そこには落とし穴もありました。いつの間にか、なんのために勉強しているのか見失ってしまったのです。10代後半は周りの子と横並びになることに必死だったので、自分の興味関心を追いかけたり、将来のことを考える余裕なんてあろうはずもないことは、今なら分かります。しかし、就職を目前にして、「ただのツールに過ぎない」語学以外に打ち込んできたものがないことに気が付いてしまった私はとても傷付きました。

私の主体性は一体どこへ行ってしまったのだろう？　それからは、見失ってしまったものを探し出したくて、子供の頃の印象深い出来事を思い出してみることにしました。すると、日本人学校時代の先生に朗読を褒められたこと、覚えたてのスペイン語でメキシコのタクシードライバーと交渉して成功したこと、友達に日本のカラメルプリンのイラスト入りレシピをドイツ語で書いて渡したら大好評だったこと…思い出せば思い出すほどに「言葉」が寄り添っていることに気が付きます。そういえば、留学先の韓国でも先生に「あなたは何語でも本当によく喋るのね」と半ば呆れられたこともあったっけ。目の前の人とありとあらゆることをシェアしたいから貪欲に言葉を覚えてきたのだと思います。

言語は手段に過ぎませんが、ただのツールではなく、最高のツールです。でも、習得自体を目的とするのではなく、その言語スキルを使ってどんな自分になりたいのか、目標を据えて勉強しないと、かつての私のように出口の見えないトンネルに迷い込んでしまうかもしれません。あなたの夢や目標を達成するための手段として言語を使うのであれば、完璧である必要はないし、暗記だけじゃなくもっとフィーリングで語学を捉えてもいいはずです。日本語で誰かとわかり合いたいと思ったとき、日本語として完璧で美しい言葉を並べることよりも、どうやったら気持ちが伝わるかを一番に考えますよね。それは手段が外国語になっても変わらないと思うのです。

一生懸命勉強しているけど伸び悩んでいる人、従来の勉強方法がしっくり来ない人、目的と手段の境界線が曖昧になってしまっている昔の私のような人が少しでも救われれば嬉しいです。もちろん、この本をきっかけにドイツファンが増えたなら、この上なく光栄です。

書籍を執筆するという、この奇跡は、たくさんの人たちの応援があったからこそ起こりました。デビューしたあの日からずっとエールを送り続けてくれているリスナー、ドイツ語を毎週テレビの前で楽しく勉強している視聴者のみなさま。声のお仕事という夢を叶えてくれたFM BIRDの長倉シュタッフ牧子社長、連絡を取り合わない日はないくらいお世話になっている今道光代マネージャーをはじめ、事務所のみなさん。タフでポジティブなところはきっと遺伝、Staatsoper Berlinでクチュリエールとして活躍する母。ギムナジウム時代に出会えていなかったら挫折していたかもしれない、聞き上手で大切な友達、Lary。まとまらない私の思いをいつも的確に汲んでくださった編集者の堀川夢さんをはじめ、左右社のみなさん。ドイツ語校正の宍戸里佳先生。今までにこんなドイツ語の本ってなかったよね！をデザインしてくださったアトリエ・ヤマグチの山口桂子さん、吉郎さん。

そして、最後まで「おしゃべりなドイツ語」をお読みくださった読者のみなさま。

Vielen vielen Dank!! Hoffentlich bis bald!

『おしゃべりなドイツ語』
音声コンテンツの聴き方

テクニックパート「“Ach so” だけじゃない！
相槌がコミュニケーションを制す」、
「本音の隠し場所・ニュアンス言葉を使いこなす」、
付録「1分間スピーチ」の
著者による音声をストリーミングで聴くことができます。

以下の手順に沿って再生してください。

1 **下記のURLから、
専用ページにアクセスしてください。**
https://sayusha.com/geheimnis

2 **パスワード「83389」を入力して、
専用ページに進んでください。**

3 **ページに記載されているボタンを押して、
音声を再生してください。
トラック番号は、本文の 音声 00 に
記載されている番号に対応しています。**

注意事項

・本サービスはストリーミングのみでのご提供です。
　ダウンロードコンテンツはございません。
・本サービスは予告なく終了する場合がございます。
・スマートフォン・パソコンなどの操作・環境に関するお問い合わせには
　ご対応できかねますので、あらかじめご了承くださいませ。

綿谷エリナ

Erina Wataya

ラジオパーソナリティ／ナレーター／YouTuber。
ドイツ・デュッセルドルフ生まれ。

ベルリン自由大学歴史文化学部を首席で卒業。2014年に故郷ドイツから日本に拠点を移し活動開始。日独英など8か国語の素養があり、異文化間の対話や理解の大切さを発信している。TOKYO2020オリンピックの表彰式では仏語アナウンスを務めた。NHKテレビ ドイツ語講座「旅するためのドイツ語」出演中。明るく爽やかな声質と温かい人柄が好評。

Twitter & Instagram：@ellina0817

公式サイト
プロフィール詳細

YouTube
綿谷エリナの
ゆっくり急ぐ
Festina Lente

おしゃべりなドイツ語

対話力を上げるテクニック&トピック

2022年10月28日　第1刷発行

著者　綿谷エリナ
発行者　小柳学
発行所　株式会社左右社
〒151-0051
東京都渋谷区千駄ヶ谷3-55-12
ヴィラパルテノンB1
TEL　03-5786-6030
FAX　03-5786-6032
https://sayusha.com

協力　株式会社FM BIRD

装幀　atelier yamaguchi
挿画　高橋ユウ
印刷・製本　音羽印刷株式会社

ISBN 978-4-86528-338-9